雲深不知處

雲深不知處

雲深不知處

南懷瑾先生辭世週年紀念

劉雨虹 編

出版說明

好的思想可以流傳千古，但呈現形式總不能千古不變。觀念可以不朽，形式就像肉身一樣總會腐朽，下次輪迴時再脫胎換骨。

南懷瑾先生的作品已堪稱是華人世界的精神資產，透過先生生動活潑又變化莫測的講說，中國聖賢們寫在典籍裡的智慧彷彿再次活了起來，也不再只是說文解字和難以明了。對現代的讀者來講，南先生直入核心再漫步走出來的詮釋風格，總能將每一本猶有數千年般厚重的古書翻出新鮮氣味，讓無法親自解說其思想的智者們，有機會借南先生之口和今人對話。

但大家都必須接受的是，現在連南先生都在二〇一二年九月辭世，那些智慧的精彩對談，我們只能再次從文字裡品味體會，試著走進他話裡有話的詮釋路徑，也許能幸運地在路旁聽見他老人家的笑聲，提醒我們不要在尋找智慧寶藏的路上走失了。

二〇一三年，他的相識友好，以及學生們，為了紀念南懷瑾先生辭世週年，集結紀念文案，編成這本《雲深不知處》，追懷先生的行誼與恩澤。

新芽從枯萎處抽長，南先生的著述還會繼續重新出版，期望先生幾十年來踩出的小徑上，可以瞧見更多新人的身影。

張輝潭

編者的話

這本紀念集，共收錄了廿七篇紀念文，來自北京、上海、台灣、香港以及美國、加拿大等地；作者有企業家，有學者，有醫生，有教育家，也有藝術人、律師、公務員、自由業者和金融界人士。

作者之中，有與南師懷瑾先生相識四五十年者，也有與先生從未謀面者，觀點感受各自不同，但所言皆引人入勝，感人至深。

這裡要稍作說明的，有兩篇文章，一篇的作者，與先生相識最久，超過半世紀；他的〈老師與父親〉一文，記述了南師早年（一九五六）在台灣，與楊管北先生的結識與交往。楊老幼讀古典，學養深厚，且有識人之智，支持南師講學與生活，二十年交情如一，直到一九七七年去世。

另外一篇頗為特別的，作者是美國人雷蒙，他是季辛吉博士事務所的副總裁。二〇一二年的一月，他再次前來問學南師，並自帶一封譯好的中文信，列出問題向先生請教。

當晚編者尚在台北未回，忽然接到南師的電話，說：「今天海英又帶那個美國人雷蒙來了，他問的問題很有意思……」。

中西文化背景不同，觀察思考方向自然也不同。本集將這封信附在他的紀念文之後，並編入南師臨時的簡單回答，以饗讀者。

金風送爽，又是一年秋來到，想起去年種種一切，怎不神傷。

今年元夜時　明月照依舊

不見去年人　淚濕青衫袖

劉雨虹

二〇一三年九月

CONTENTS
目錄

出版說明 5
編者的話 7

學術教化

14 夏大慰 雲深不知處
31 吳瓊恩 問學三十載
57 趙海英 掃去歷史文化千年塵封 再現傳統智慧本地風光
67 薛仁明 南懷瑾的學問與修行
75 雷 蒙 南懷瑾 正確認識我們自己和我們的時代
99 朱迺欣 南老師與生命科學
105 林蒼生 我從南老師學了些什麼
119 李慈雄 南師的教化

亦師亦友

140 佟克崙 南老師的啟發
148 陳定國 香江十年 懷師萬千
174 袁明 難忘太湖一杯茶
182 強文義 相識南懷瑾先生
205 楊麟 老師與父親
215 吳研雷 老師就是一部經
234 林德深 追隨南師的日子
248 李家振 明月映藍天

CONTENTS

目錄

因緣學習

260 彭嘉恒 從學南師二十年

271 何迪、陳小魯 心隨南師遠行

285 廣樹誠 平凡中的偉大

298 王苗 我給老師拍照片

309 登琨艷 如果沒有那一天晚上

322 潘建國 一劍霜寒四十州

329 牟容瑢 最珍貴的因緣

352 古道 懷念南師

359 弘宗 拄杖橫挑風月去 由來出入一身輕

367 方放 南懷瑾老師的幾件小事

373 詹文魁 無上因緣不思議

學術教化

雲深不知處

夏大慰
上海國家會計學院院長、教授

南懷瑾老師去年九月二十九日傍晚仙逝，儘管已過耄耋之年，但先生的逝去卻仍是我萬萬沒有想到的。

我算不上是先生正式的學生，卻是默默神會的仰慕者。高山仰止，景行行止。

二〇〇三年秋天的一個傍晚，我們坐在長發花園的客廳聊天，先生側身坐著，穿著玄色的長衫，手裡夾著一支煙，煙霧裊裊中，他忽然輕嘆了一口氣「……日子過得真快呀！……時間不夠用！……」他說。

一個時代過去了。

先生真的故去了。

雲山蒼蒼　江水泱泱　先生之風　山高水長

范仲淹的這句話用在南老師身上很貼切。把先生的風骨描繪得很全面。我以前看到「仙風道骨」四個字，總是想像不出那該是如何的風姿，看到先生的時候，一下子就明白了，「呀，原來就是這樣！」他總是用一種慈祥、溫和的微笑，睿智、通透的目光，來看這個世界，聊到開懷處，也常常會大笑，擺動雙手作勢，眼中閃爍出極度愉悅的光芒。只有看透世情名利，看破紅塵榮辱，心地純淨無瑕的人，才能有如此明快的笑容，才會有那麼感染人的氣場。

對先生早就仰慕已久。知道先生集中華傳統文化之大成，道德文章，名聞天下，是一位極富傳奇色彩的人物。但是沒有想到因緣際會，能夠那麼近距離地接觸到。這還得感謝香港中文大學的吳毓武教授和臺灣淡江大學的陳定國教授。當時學院剛成立不久，按照朱鎔基總理「聘請世界最好的師資，把學院辦成國際一流的會計學院」的囑託，我們和香港中文大學合作舉辦了專業會計碩士學位項目，吳教授和陳教授作為項目的授課教師來院講課。他們兩位又介紹體悟師為專業會計碩士項目的學員。承蒙三位引薦，我得以能去長發花園先生的寓所拜訪。十一年時光匆匆過，但第一次拜訪的情景仍歷歷在目。先生對學院很是知道，提到了朱鎔基，創立了國家會計學院，提到了不做假帳的不易，既要不做假帳，又要把這個事情擺平，讓老闆滿意，這需要很大的本事，這樣的會計師，除非是國家會計學院畢業的學生才能辦得到。他當時風趣幽默的點評，言猶在耳。其實當時，學院剛剛創辦了幾年，沒想到先生就那麼瞭解了。雖已是耄耋之年，但真是做到了「家事國事天下事，事事關心」。後面的多次拜會，這樣的感觸更深。那天，我向先生提出邀請，希望他方便的時候能到學院給學員們做一個演講。他欣然接受，並表示可以從歷史角度談談「不做假帳」的不易，說完此話後，或許是看到了我面有難色，他說：「你放心好了，說什麼我心裡有數。」那天拜訪結束，先生一直送我們到電梯口。

提及體悟師，有一個小插曲。記得開學典禮時，樓繼偉部長過來講話，一眼就看到了台下學員中的體悟師，驚詫地問我：「大慰，怎麼還有比丘尼？」我向樓部長報告，體悟師原是運動員出身，正規大學畢業，後來出家到五台山佛學院學習，現在在義烏的雙林律院擔任住持，她的所有條件都符合我們的招生標準。我又同樓部長講：「我想天主教能在全世界發展，其背後肯定有一個強大的財務支援系統。弘揚中國佛教，也需要有懂財務的。」樓部長聽後滿贊同我的觀點。後來南老師碰到我的時候，多次提到：「夏院長真厲害，敢把體悟師招進來。」他告訴我現代會計制度是從天主教開始的，所以體悟法師應該學會計。我還真不知道體悟師後來到底學了多少財會會計知識，但她和同班的現任上海市政府祕書長蔣卓慶兩人倒是成了班裡的核心人物，成為很多同學的精神導師。

首場演講，我們沒有經驗，被那種盛況和觀眾熱情給震撼了。除了我們自己的學員，還有友校慕名而來的，以及其他仰慕先生已久的各界人士，學院的六百人報告廳被一千人塞得滿滿當當的，還是第一次有那麼多人簇擁在一起聽課，座位放不下，站著也要聽。儘管那麼多人，整個場地卻是鴉雀無聲，大家臉上都是虔誠與敬慕的神情，因為都明白能得賢師口耳相傳，親身傳授是大不易的。相熟的校友和朋友，一臉艷羨，問得最多的就是「你們怎麼能夠請到南老師？」他們都是先生的仰慕者，看先生的書本身就很開心，更不用說能親耳聆聽教誨。

先生當時已是八十六歲高齡，面容清矍，風度翩翩，眉宇間隱現著智慧之光。一頭銀髮整整齊齊，一絲不苟。先生的演講延續了詼諧風趣的風格，開口就戲稱自己「著書多為稻粱謀」，現場的氣氛馬上被調動起來，大家都被引得忍俊不禁，笑聲掌聲不斷。也因為我在開場的時候，論及先生的輝煌成就，其實根本沒有言過其實，先生卻戲稱我是刷油漆的，因為他的臉面被我漆得很精彩。他從會計的起源講起，從改「茅山」為「會稽（即會計）山」的始祖「大禹」，講到春秋時期做過「委吏」（司會計）的孔子。從「安史之亂」

後唐朝著名理財家劉晏如何統籌有方，治理財政，又講到明清時期紹興師爺的功績作為，種種辛酸。其間旁徵博引，妙語連珠，上下五千年歷史掌故信手拈來，唐宋元明清前人詩句娓娓道出，借古諷今，縱橫捭闔。講到高興處，低吟淺唱，神形並茂，把本來枯燥的歷史知識講得趣味橫生。期間，幽默的言語隨處可覓，比如他提及四千年前夏朝的大禹，在紹興開創了「大會計」，今天朱鎔基要辦國家會計學院，請來了大禹的後裔紹興人氏夏大慰來做院長。甚至戲稱〈從大禹王到夏院長〉或可作為一篇考據大會計歷史的博士論文題目，引得全場哄堂大笑。

先生的演講讓我們領悟到不少作人做事的真諦。先生以「大會計」為題，不僅僅是單純引用《越絕書》的典故，而是說會計的範圍非常廣，囊括了經濟、財政、稅務等。用先生的話說「大會計是宰相之才，真的經綸天下。」他還以《史記》為例，稱司馬遷這是把歷史都衡量了，所以寫的是「歷史會計」。觀點耳目一新，又在情理之中，真是開闊了大家的眼界。他說地位越來越高，房子越來越大，車子越坐越新，人卻越來越渺小。會計只是個技術，技術容易學，要能把胸襟放大，學問和思想提升，才是大會計的目標。言簡意賅，發人深省。而先生引用的明治維新伊藤博文的「計利須計天下利，求名當求萬世名」，實在是整場演講的點睛之語，神來之筆。

與先生相處，最難以忘懷的是他面上永遠帶著慈祥可親、謙和有禮的微笑，相由心生呀。先生演講，開場就是自謙八字，「一無所長，一無成就。」先生很善於自嘲，「原來名士真才少」常常掛在嘴邊，他已看透虛名。雖然年逾九旬，十多年來和他交往的細節，往往我早已淡忘，他卻常常談及，令我羞愧之餘，深深折服於他驚人的記憶力。先生門生遍天下，後進晚輩萬萬千，居然還能撥冗關注我的健康。有一次他對我說：「你臉色不好，工作別太累呀。」一臨走時還給了我調理的中藥。後來他還專門派李素美老師到學院看望問候我，並教我如何正確打坐。知道我多年執教，伏案良久，頸椎和腰椎都出了問題，他還特地讓傳洪定期從臺灣請來了小潘醫師幫我們正骨。先生的眼力非常好，耳力也甚佳。二〇一二年春節前夕我去給先生拜年，當時劉明康夫婦也在，吃飯時我坐在先生的旁邊，劉主席夫婦坐在我們的對面，聊天時由於隔著一張大圓桌，我有些聽不清劉主席的話，先生居然還複述給我聽。為人處世上，先生堪稱楷模，值得我輩好好領悟和學習。先生自奉甚薄，吃得很清淡也很簡單，身上的衣服據說都有幾十年了。無論是兩次來院演講，還是他請彼得·聖吉過來演講，從來不肯收取任何費用。近一兩年我一直有一個宏願，想帶著那些近三、四年新進學院的EMBA的學員們去太湖大學堂拜見一下先生，同時在大學堂裡面栽些樹。我也曉得先生年紀大了，但其實只要他出來講幾句話，大家就很滿足的。有學生甚至說，只要看到南老師就可以了，感受一下先生的氣場就是一種幸福。他們都是在社會上頗有點地位的企業家，但是說這話的時候，就和小年輕追星族一樣的虔誠。我曾經和宏達說過我的想法，宏達告訴我：「你是知道老師脾氣的。你要是帶學生過來，他會只說幾句話嗎？老師年事已高，不要讓他太累了。」聽了宏達的話，我也只好作罷。二〇一二年春天，吳江太湖國際實驗學校舉行畢業典禮，邀請我去參加，但那天突然市裡通知開會，沒有成行。到六月的時候，我同宏達聯絡，想去看先生，被告知他正在閉關。我想，不要緊，那就等先生出關。後來電話過去，說是已經入定。沒想到，再之後居然就是先生往生的消息，陰陽相隔，令人扼腕。

憂勞庶績　矜育蒼生

很榮幸收到劉雨虹老師和慈雄的約稿，來寫這篇回憶文章。我筆力不逮，難以描繪先生神采之萬一。只是希望通過筆頭隻言片語，寄託我內心對先生的追思與懷念。這段時間，與先生交往的細節，如同電影一般在眼前重播。

回想先生初次來校講演之後，又過了幾年，我們又陸續招收了一大批優秀的高端學位項目學員。因為第一次演講的盛況與輝煌，他們總是在各個場合對我說，有沒有可能再把南老師請到學院來講一講。時隔四年，先生已經九十多了，再次驚動，真的是想都不敢想的。

一次，先生跟我說盛澤商會多次來邀請他給他們講一次。我跟先生說，盛澤是現在中國的紡織重鎮，出了不少最初在市場上擺攤而發跡的民營企業家。盛澤商會會長盛友泉和我相識。有一次，我去盛澤，聽他們說起當地一些企業家有了錢後，都不知道應該做什麼。很多盛澤人賺了錢，到澳門去賭博。飯桌上一位企業家告訴我，他一次就輸掉了幾千萬。出賭場的時候，看天花板是白茫茫一片，腳都是軟的，下樓梯時好像踩在棉花上，回到盛澤就大病一場。一個人沒有建立良好的人生觀，突然發財之後，往往會因為沒有道德的約束而失控，一下子放肆地沉迷到快樂享受中去，最終證明這是一個無邊苦海。先生對此也是痛心疾首。現在回想起來，正因為先生那顆「矜育蒼生」之心，才有了後面不顧炎夏，再次蒞院演講的機緣。

二〇〇八年，南老師第二次來學院，還特別關照請盛澤商會和其他多次邀請老師的朋友們一起過來聽。很多學員聽聞學院居然又一次邀請到南老師前來演講，無不欣羨仰慕，更以能身臨現場，一睹大師風采，親聆大師教誨為榮，紛紛奔走相告。雖說學院國際會議中心不算很小的場子，但鑒於第一次的盛況，我們只發了四百多份邀請，可是演講當日，半小時前座位就坐滿，後來的學員索性席地而坐。由於人流源源不斷地湧來，我們只能加開兩個分會場，也是人滿為患，走道上站滿了學員。那次演講總共有一千四百餘人聆聽。

先生以「商業道德」為題，旁徵博引，舉重若輕，縱覽五千年之儒、釋、道等中國傳統文化，尤為關注鴉片戰爭以降中國文化的生存現狀，把商業道德與中國傳統文化的關係闡述得條理井然。同時，因為先生的博聞多識，將古今中外的諸多奇聞軼事信手拈來，使整場演講顯得深入淺出，妙趣橫生。真可謂切理厭心，字字珠璣，既是一次精神之旅，也是一種美的享受。整場演講精彩紛呈，既有思辨深邃之美，又具文辭斐然之麗。更重要的是，在字裡行間往往透露出先生悲天憫人、以天下蒼生為己任的悠遠情懷。

演講中的許多觀點，真的是發人所未發，省人所未省。他說賺錢難，用錢更難。飲食男女，肆意揮霍，稱不上會用錢，能用來做好事，才是真會用錢。做好事，也不是撒錢即可，也要講求一個機緣，有時更需要水磨功夫來養。就比如布施有兩種，一種是錢財的布施，取之社會，用之社會；一種是智慧的布施。他談到了誠信，「貿易不欺三尺子，公平義取四方財」；他說「國清才子貴，家富小兒驕」。商業道德這場演講最精彩的戲肉是先生對范仲淹一首詩的改編，警世恒言，振聾發聵：

世事循環望九州　前人財產後人收

後人收得休歡喜　還有收人在後頭

先生學問博大精深，著作等身，內容涉及儒釋道，融合了諸子百家的學說。因為有特殊的人生經歷為基礎，所以他的生命體驗，往往與純粹的學者不同。不僅如此，先生的學說還深入淺出，他常常能把深奧晦澀的命題，用最明白曉暢的語言表達出來，使得大家都能容易理解傳統文化的精髓，所以他對傳統文化的普及作出了極大貢獻。越是科技發達，物質文明充裕的今天，先生的文化價值越加受人關注。研究傳統文化經典的專家學者何止千萬，為什麼能令人想起的就那麼幾個人？「屈平辭賦懸日月，楚王台榭空山丘」，應該接近於這個意思吧？

和先生的閒聊，他對三件事兒論及較多：文化斷層、讀書無用和兒童讀經。其實三件事兒就是一件事兒，那就是先生對中華文化被遺忘危險的深切擔憂。在這點上，先生真的是殫精竭慮，奔走疾呼。文化和歷史，是一體兩面，文化斷層源於對歷史的漠視，要客觀對待現代尤其是東學西漸之後發展起來的文明，因為現代文明僅僅只是一個新方式，歷史和傳統文化讀「通」了，就一通百通，再結合現代文明，就擁有了智慧人生。他覺得中國這一百多年來，積弱貧困的根源是文化教育的問題。換言之，一個國家的興衰成敗，重點在文化，在教育。教育弄好了，斷層的文化就能再度接續上。他甚至不惜用極端的表達來展露內心的憂慮：「我常常感到，國家亡掉了不怕，還可以復國，要是國家的文化亡掉了，就永遠不會翻身了。」「十九世紀、二十世紀初期威脅人類最大的是肺病，二十世紀威脅人類最大的是癌症，二十一世紀威脅人類最大的是精神病。」「讀書無用」和著重文化教育之間並不矛盾，先生在「讀書無用」中的讀書是有特定指代的。他覺得如果讀書目的只在學位，是很可悲的事兒。尤其是中國農村的父母省吃儉用一輩子，砸鍋賣鐵就為了供孩子唸書，結果孩子培養出來，居然是遠離父母，也沒有為家鄉建設出力，那在先生看來讀書不如不讀。讀書志在聖賢，為官心存君國。先生的身上集中了傳統知識分子的理念，讀書、為官都是像堯、舜、禹一樣的精忠報國，無私忘我。讀書不是讀出個書呆子，而是要頭腦聰明，會做事，用句現在的表述，就是智商和情商要齊頭並進為好。對當代的教育制度，先生是抨擊最多的。「消磨天下英雄氣，八股文章台閣書」，為了考試，小學讀的書，中學沒有用了，中學讀的書，到大學也沒有用了。大學讀的書，對職業幫助不多。十一二歲的當代「天下英雄」已經被考試把頭腦和眼睛都消磨掉了。他是切身體會，有感而發。

先生詩詞歌賦，隨手拈來。興之所至，吟哦傳唱。有天下午，他吟唱起王勃的〈滕王閣序〉「……落霞與孤鶩齊飛，秋水共長天一色……」，古意撲面而來，身心愉悅。他的底子據說都是十幾歲時候讀的書，一輩子受用，越來越好，越熟越好。所以先生親自創辦吳江太湖國際實驗學校，以期從新生代上實現復興，消弭文化斷層。吳江太湖國際實驗學校很好地在實踐了先生理想的教育目標——敬業樂群。如果說一九九八年金溫鐵路全線通車，是完成了一千六百萬溫州父老的夢想，那先生一生的貢獻都無不在實踐鋪設一條傳播和弘揚中國文化的「人走的路」。所以後來聽說我們學院針對畢業後的校友，辦起了國學人文研修為主的後 EMBA 項目時，先生特別高興，連連讚許，還特地為我們推薦師資。

先生格局宏大，是因為他站得高，看得多；胸中自有千壑，是因為他有一雙看透世情的眼。所謂「世事洞明皆學問，人情練達即文章」，洞明和練達的背後是對歷史的「通」。如果說哈佛商學院的 MBA 課程之所以被國際企業界奉為圭臬，是因為它的案例都是來自於當下的商戰實踐，取的是橫截面。那先生所掬起的波瀾壯闊歷史長河中的朵朵浪花，無疑是觀照今天的最佳範例，取的是豎截面。觀今宜鑒古，無古不成今。先生善於舉一反三，讀深讀透典籍。先生的字裡行間都在鼓勵我們建立一種卓然不拔，佇立風雨艱危中的精神。先生說《孫子兵法》十三篇，真正重要的是一個「勢」，換言之，一個時代的潮流，一股社會的大趨勢。縱觀先生一生，在對歷史大勢的把握上，精準及時。每次都能踩對點，這背後是學識，是眼界，是胸襟，是睿智。看得透，還很寬容，這就是先生的魅力。對於人情既能享受「相濡以沫」的際會，又可以忍受「相忘於江湖」的離別；既經得起激情蕩漾，又熬得住顛簸折騰，這是與他十年相交，從先生身上學到的最大的增益。不以物喜，不以己悲，如是而已。

知離夢之躊躇　意別魂之飛揚

九月三十日中秋那天的月亮特別明亮，大家圍站在草地上，與先生告別。我腦中忽然閃現在大學堂的餐廳聚餐的情景。先生坐在中間的圓桌旁，大家團團圍坐四周，桌上不少是大家自己帶來的各地特產，特別家常，卻特別親切。到了先生這邊，任你位高權重，還是人微言輕，都是諸生平等，到了先生這邊，似乎沒有什麼是放不下的，喜怒哀懼，恩怨情仇，都隨風而散，每個人的眼中流露的是特別純真與寧靜的目光。滌蕩肉身靈魂，洗淨浮世欲念，這裡是我們永遠的精神家園。化身爐青煙裊裊而起，這樣一個人，就這樣地去了。大家自發地跪下，潸然淚下。

松下問童子　言師採藥去
只在此山中　雲深不知處

有一年，我給先生帶去了很多學院培育的小花秧苗。秋高氣爽之際，太湖大學堂的草地上開遍了五顏六色小花，先生站在花叢中，笑得像個孩子。

問學三十載

——南懷瑾老師的學術與方法論初探

吳瓊恩
中國政法大學特聘教授
北京師範大學客座教授

認識南懷瑾老師因緣的前言後語

我年輕時候喜好讀書，在臺灣政治大學讀書時期，深受師長們的啟發，曾遍讀熊十力、梁漱溟、唐君毅、牟宗三，乃至馬一浮、楊仁山、方東美等學術巨擘的著作。當然理解到什麼程度，那是另外一個問題。

六〇年代後期的臺灣，由於國民政府退守臺灣，整個政治氣氛籠罩在威權體制的統治下。當時的思想戰線是「一個中國」原則，台獨是一大禁忌，臺灣依賴美國的政經保護而存活。一方面蔣介石先生發起「中華文化復興運動」，以王陽明的學術為孔孟心性之學的核心精神，另一方面，是學術界開始流行美國的行為科學或邏輯實證論。

有的知名學者宣導實證主義，認為那叫科學方法，更有教授誤解所謂直觀的方法是違反科學的。而他們所宣導的「傳統與現代化」，今日看來誤解甚多，甚至有的知名教授，竟無知於六〇年代美國學術的發展趨勢，在邏輯實證論已衰退的時候，還自鳴得意，要以實證科學來研究中國傳統文化，可謂誤學術也誤了國家前途。當時護衛中國文化與行為科學之間的思想戰，早已演變成為一個嚴肅的政治問題。六〇年代中後期，也是毛澤東發動「文化大革命」與「批孔揚秦」的時代。

中國文化在胡適及一群留美學人影響下，逐漸走向「全盤西化」的泥淖中，不僅失去民族主義的立場，也失去中國的「文化主義」信心。在這種情況下，有誰能真正理解並體會孔孟的心性之學，以及佛學的啟示？

到了七〇年代，臺灣進入「倒楣的時代」，有如二〇〇九年的美國《時代週刊》（Time Weekly），列舉二十一世紀初每年的倒楣事件一樣。這一時代，是美國與歐洲從六〇年代的學生運動，逐漸轉向八〇年代的保守時代，或可稱之為「轉型年代」。西方青年學者在美國三藩市成立了Shambala Publication（曾出版英譯《楞嚴經》），要向東方文化尋找靈感。他們體悟到西方文化「天人對立」的科學主義與經濟成長主義，有走向盡頭的趨勢，因此要返本開新。也因為他們發現東方思想在文化精神的源頭上，都是走「天人合一」、「知行一體」、「心物一元」、「自他不二」的預設。中西文化的源頭各自不同，因此發展至今而有不同的面貌。

到了八〇年代，西方物理學家終於發現，當代物理學的世界觀與東方文化的源頭預設相同，並謂之為一種「典範移轉」（paradigm shift）。換言之，人類的科學家體會到：愈是新穎的物理學世界觀，愈與中國傳統儒釋道精神相通。這種認識已經十分了不起，改變了學術研究的知識論和方法論的基礎；

但在南懷瑾先生這樣的有修有悟者看來，只是「見識」到人類心性之學的開端，尚未進入知行合一的「見地」境界。此所以「南門」（南老有教無類，無所謂門派之見，此乃勉強用之）特重實踐，行以求知之學。

南老師身教言傳

大約一九八二年的春天，由於曾讀過南老師的書，聽說周勳男先生與老師認識很久，就在周兄的引見下初識南師。當時我在國民黨中央文化工作會，擔任理論工作。由於八〇年代的臺灣，剛剛經過七〇年代的倒楣運：一九七一年退出聯合國，一九七九年台美斷交，中間復歷經兩次石油危機和若干國家的斷交，一九七五年和一九七六年蔣介石和毛澤東又相繼去世，兩岸形勢的變化，都在默默進行中。

一九八〇年代是世界各國都在變動的時代，由於中華民國與美國已斷交，蔣經國雖領導臺灣自立自強，無奈文化底子薄。一九七九年臺灣歷經三十年相對偏安之局，進入亞洲四小龍之首，一九八八年一月十三日蔣經國去世時，臺灣的美元外匯存底排名世界第二。而中國大陸改革開放雖已屆十年，卻還在五名之外。八〇年代初，出現了劉家昌製作的〈中華民國頌〉，充滿大中國的憧憬；而鄧麗君的歌曲也開始登陸，但仍被一些頑固的人視為靡靡之音。

我就在這樣一個迷惘的年代，認識了南老師。當時只知他在臺北信義路的復青大廈，每天都有川流不息的訪客，王昇說南老師那兒是「人民公社」，各路人馬常來常往，或來聽課，或來聽南老師講古今中外的事，的確受益匪淺。當時南老師下午正在講「中國文化大系」，晚上講《楞嚴經》，聽課者只付一些場地清潔費。

南老師授課有教無類，幽默風趣，他不走學院派的老路，獨樹一幟，因材施教。他除了講經說法，還會關心你的身心健康。

八〇年代初，老師給不少黨政軍要人開課講《左傳》等，但竟引起某些人的疑慮，稱南老師為「新政學系領袖」。南老師終於在一九八五年七月五日離開臺灣，前往美國，落腳華府，恰與美國的 FBI 為鄰。

八〇年代上半期，英美兩國開始新經濟政策，鬆綁銀行貸款，企圖鼓勵企業家投資創業，創造就業機會。不料，投資者卻有趣於投資華爾街的股票市場，無趣於真正的企業投資，終於種下二〇〇八年金融海嘯危機的遠因。當年諾貝爾經濟學獎得主克魯曼，把金融海嘯之責歸於八〇年代的雷根政策。

在八〇年代初期，臺灣青年尋找思想出路，開始流行新馬克斯主義；中國大陸青年，則在尋找政治體制改革的方案。

海峽這邊的臺灣人，對中國傳統文化的心性之學尚缺信心，在日漸富裕下，政治反對派只知要爭取言論自由，早日開放黨禁、報禁，卻昧於文化尚不成熟，一旦他律鬆綁，卻無自律的涵養，造成的後遺症不容小覷，迄今仍然難治。

而中國大陸，卻因「文革」而打壓孔孟心性之學，改革開放後，年輕人只看到美國表面繁榮富足的一面，卻未體會孔孟心性之學，不是唯心唯物二元概念可以分析理解的東西；只羨慕美國表面上的繁榮富足，卻不能認知到後來可能造成金融海嘯的危機。中國自鴉片戰爭後一百多年來，為救亡圖存，只知求實用地、快速地解除危機，卻無一套長治久安的文化策略。迄今仍是如此，作中國夢，很需要深度和廣度的論述。

南老師的心性之學，是治國長治久安之策。試看二戰結束後，從凱因思的經濟政策，到八〇年代海耶克的自由政策，人類的經濟前景陷於一片迷惘。經濟問題已非經濟政策所能解，這是涉及人類方方面面的系統工程，而且是一複雜的系統工程。所謂心性之學，乃是基於人類除了實用科技之學外，必須面對的社會規範之學，這就是孔孟禮治優於法治之論，禮治能使人「有恥且格」，不像法治僅使「民免而無恥」。現代人幾乎已無羞恥感，到了麻木不仁的地步，只顧自己生命的存在活動，盲然於如何與他人互動，更不知真實的情感是何物。

南老師的心性之學，教人從日常生活的起心動念開始。像斯米克集團的李慈雄，在台大電機系二年級時，在南老師那兒打工並掃廁所，南師並告訴他杯子要如何洗，才會洗淨杯口的唇印。

當年我寄贈南老師《新馬克斯主義座談紀錄》時，不久就收到他的來信，表示收到並致謝意。南老師旅居香港時，有一次曾說，要介紹我認識幾位大陸的大學校長，我以為南老師只是輕鬆地說說而已，沒想到半年後，我又到香港去，南老師見到我，立即親筆寫了五張介紹信，真讓我震驚不已。世俗中人，有誰那樣「閒話一句」，仍然信守不渝？這幾年來的經驗，像寄贈一本好書送人，對方一點回應皆沒有，讓人覺得好像多此一舉。

這些事說明了，一個人的良知良能，本自俱足，不需要邏輯推理，你如果能將心比心，具足直觀的能力，自然會知道應有所回應。可現代人接受邏輯推理的能力愈來愈強，卻在一開始就丟棄了人與人之間那種「敏銳的直覺（仁）」（梁漱溟的用語），丟失了你那本具固有的良知良能，因而凡事從自我中心出發。反應快速的結果，言行舉止只不過是內心長期累積的「錯誤意識」（false consciousness）的投射，如何能與他人有效溝通呢？

南老師的心性之學可貴在此，他不在乎他人以嚴密的邏輯理論來罵他，許多批評他的人，亦不過是內心的「錯誤意識」，投射出來的言行舉止而已。

對心性之學沒有真參實修的人，出口即是「錯誤意識」的投射，所以南老師從來不予辯駁，現在筆者在此多言，若南老師在世，必笑我多此一舉。

南老師熱愛民族，關心中華文化的復興。在一九八八年旅居香港時，有一次我與舍弟瓊垺，路經香港去看老師，當時他說，尹衍樑先生請他出任光華基金會董事長，資助大陸青年學生讀書。後來北京大學也蓋了光華大樓，其他大學受益於光華獎學金者亦不計其數，二十多年後的今天，開花結果造福一個時代的青年，迄今仍然不贅。

南老師的事功豈僅這一點點？他在臺灣時已啟人無數，致力於延續中華文化的命脈。在美國時，他誠懇地告訴美國特務：「七分為中國，三分為美國」，贏得美國特務的敬重。

南老師在一九八七年，寫了一信嚴厲責備我，教導我趕快覺悟，我立即回信，懺悔過失。後來在一九八八年一月二十日左右，南老師要我到華府走一趟，並贈五百美金機票費用。

我記得當日一下飛機，到達南老師住所後，休息一會兒，他即邀我政大政研所博士班肄業的學長張炳文作陪，親自教我打坐與數息觀四十分鐘。我們在華府停留兩夜三天，觀看《濟公活佛》錄影帶（當時尚未有光碟）。回德州Austin前，南老師在門口要親自教我一個咒語，我正嚴肅地洗耳恭聽時，他老人家親口傳授：「要多拍馬屁。」我頓時恍然大悟。一九八八年一月十三日蔣經國去世，月底南老師遷居香港，我在華府時，竟然一點動靜皆不知，南師的行事作風巧妙有如此者。

一九八八年三月八日，我通過博士論文口試。四月初返台時，南老師有兩句話，要我請蘇志誠轉達李登輝：「一是少說話有利，多說不利；二是無為而治有利，有為不利。」事後觀之，李登輝全然違背南老師的建議。後來李登輝託南老師的有關兩岸密使事件，亦不了了之，南老師十分失望，後來送筆者墨寶，上書清張船山句：

今古茫茫貉一丘　功名常笑爛羊頭
戲拈銀筆傳高士　醉擲金貂上酒樓

未老已沾秋氣味　有生如被夢勾留

此身可是無仙骨　石火光中鬧不休

老師的墨寶，灑脫有仙氣，我視如無價珍寶，亦真實體會到他對兩岸關係的關懷與無奈。至於後來南老師移居上海，二〇〇六年後常住太湖大學堂，往來賓客中，看熱鬧、搶拍與南師合照者眾，眾生相自然如此。亦所以見孔子「吾非斯人之徒與而誰與」，誠不我欺，從此深深體會到，南老師是如何的無可奈何了。

心性之學方法論的基礎與初探

南懷瑾老師的心性之學，遠邁王陽明的心性之學，直接孔孟的心性本體。他在評論王陽明四句教的矛盾中說：王陽明的四句教，在哲學上叫三元論，不是一元論的本體了，那就成了問題。（南懷瑾，1955：292）王陽明的四句教如下：

無善無惡心之體　有善有惡意之動

知善知惡是良知　為善去惡是格物

南師認為這個心之體，是和「人之初，性本善」的思想不同。第二句的意之動，這個意是思想的作用，本體的功能發用後就是意志，這時候就有善有惡，如果本體是無善無惡，沒有善惡的種子，何以本體起用後，卻有了意志而有善有惡呢？第三句的知性也是本體功能所發，既然心之體是無善無惡，何以本體所發的良知，卻能知善知惡呢？南老師認為，只有第四句是對的，也就不予批評了。

南懷瑾老師認為佛家的明心見性，道家的修心煉性，儒家的存心養性，這些都與腦的科學有關，與認知科學、生命科學接軌。（2012：138）讀者或可參看《念力的祕密》（McTaggart，梁永安譯，2008）和《念力》（2012）

兩本書。

中國自古以來就有「人心惟危，道心惟微，惟精惟一，允執厥中」的修心養性之論，及孔子提出「仁」的理念，非是經驗現象的概念，亦非簡單的「仁者愛人」之論。孔子所謂的「仁」，整個生命通體是悱惻之感的憂患意識，是梁漱溟所謂的「敏銳的直覺」，即自家生命與其外在的事事物物，具有一種敏銳的感應，而發出恰當的、合乎中庸之道的適當響應，即是仁者，亦是智者。這種智附屬於仁，開啟了中國文化的道德價值體系，也使當代所謂的科學意義，未能有效的撐開，此點為唐君毅和牟宗三兩人的哲學著作中所用心的力作。

不過，中國的心性之學，必須在實際的行為體驗中，求默會或證悟其本來具足的面目，其默會所知超過語言文字論述之外，誠如科學哲學大師Michael Polanyi 在其《個人知識》（Personal Knowledge,1966）一書中所說：「吾人所能知者，超過所能言說者」（We can know more than what we can tell.）。這種知識，現在叫「默會知識」（tacit knowledge）。自九〇年代起，進入知識經濟時代，這種「默會知識」成為企業競爭力的主要來源。

南老師的心性之學，與唐牟兩人，乃至於與熊十力等人所走的路線不同，他融會貫通儒釋道的一套修行法則和程式，重視真參實修的功夫，不強調邏輯推理的方法（當然也沒有排斥的必要），所以他的著作，句句是生命體驗的真實流露。他不在乎他人從學術上，或理論邏輯上對他的著作批評，因為他們的所言所行是「知行分離」的，與心性之學的全體大用毫不相干，所以沒必要去辯駁，以免浪費時間和生命精神。

南師心性之學，越過清朝將近三百年的考據之學，他並不滿意朱熹等人的宋明理學，在他所著的《原本大學微言》中，對儒家的修行功夫與方法，提出獨特的見地，並據此而有對中國歷史文化的評語。讀者若據此再與南師早期所著《禪海蠡測》，及《如何修證佛法》、《禪與生命的認知初講》等書合參，必能逐漸摸索出他的一套修行法則出來。不過還是那句話：不能沉迷於文字上的邏輯推理，指東說西，反而走上心性之學的歧路。至於怎樣正確看待南師的心性之學，這在科學哲學上有下列三點說明：

一、注意孔恩（Thomas Kuhn）所謂「典範移轉」（Paradigm Shift）的意義：孔恩在一九六二年出版《科學革命的結構》（The Structure of Scientific Revolution，1962/1970）一書，花了十五年的時間完成此一巨著。當他在哈佛大學修讀科學史博士生時，有一次為了準備受邀演講內容，詳讀亞里斯多德的《物理學》，無論怎麼看都看不懂，甚至認為滿紙荒唐言。於是孔恩發出疑問，何以開創西方文明三巨頭之一的亞里斯多德，有此荒唐言論？經此一問，多年後才恍然大悟，只要轉換世界觀，或觀察的方式（Way of Thinking），就能將過去視為荒唐者，突然變成條理井然，前後一貫的體系。孔恩從此寫出《科學革命的結構》這一本劃時代的巨著，流傳至今或將永垂不朽。

孔恩指出科學革命的過程是如下的一種流程：

P1 → Normal Science → Anormality → Revolution → P2

假定P1是牛頓物理學典範，其世界觀，即觀察世界的方式是「時空絕對論」、「唯物論」與「直線思維」。如此這般的觀察方式，形成了所謂的常態科學，成為教科書的來源。當科學愈進步，研究員發現愈多物理現象，難以常態科學的觀點解釋；當無法解釋的異例愈來愈多時，就發生了「典範革命」。在典範革命時期，百家爭鳴，莫衷一是，直到新的典範出現。在此假定P2是愛因斯坦典範，從此觀察世界的方式變了：「時空相對論」、「心物一元論」、「非線性思維」，成為常態科學的主流。

由此可意會者，南師突破中國文化傳統的常態科學觀點，走一條中國原生文化本來具足的心性之學。經孔孟承繼道統，又經宋明理學家的歧出和清朝的扭曲，直至近人唐牟兩人的學術貢獻，我們後人也要肯定其應有的價值，但更要尊重南老所走另一條以實參修證為主軸的，非學術亦學術的道路。南老師致力於恢復中國傳統的道學或心性之學，開啟了新時代學術文化的新典範。

二、默會知識（Tacit Knowledge）具有更多更豐富的內容，當代人不可輕易地以有限的外顯知識（Explicit Knowledge）隨意否定：前述Michael Polanyi認為這種默會知識，比外顯知識內容更多更精彩，因為難以言說表述，故又稱為「個人知識」，只可意會不可言傳，與「內隱知識」（Implicit Knowledge）不同，後者是一種可說但不願說的知識。

無法用語言文字表述的知識叫「默會知識」，這種知識，在五六十年代仍流行但快衰退的邏輯實證論中，異軍突起。當時那些仍受邏輯實證論典範影響者，必責默會知識為荒唐無知。好比如果你以邏輯的、感官實證的角度，來貶抑南懷瑾老師的著作，但南老師風度瀟灑，他絕不與你辯論，說不定他還與你化敵為友。凡例甚多，大陸一位搞哲學的企業家即為一顯例。

其實，「默會知識」在中國傳統原生文化中，隨處可見可知。古人說：「言有盡，意無窮」，《金剛經》：「凡所有相，皆是虛妄，若見諸相非相，即見如來。」佛講經說法四十九年，最後他仍要說，那些都是文字般若，而非實相般若。南老師生前曾叮囑我，《莊子》一書要看百千萬遍。《莊子》書中曾比喻說，凡語言文字所能表述者，皆為糟粕，而真正的精華，是無法用語言文字表達的。儒釋道都同此一理，讀書能悟此理定有收穫。

如果有人指出文章該當如何批註，如何考據方為嚴謹，我亦將學南老師，謝謝你的指教，但重點是你要悟出文字外的理，才是正辦。深受邏輯實證論影響者，必須早日拋棄其世界觀，才能進入南師所開創的新典範，即孔孟原生文化的心性之學，才能悟知九〇年代知識經濟時代來臨，「默會知識」才是企業競爭的實力來源。

三、理性思考的直線關係與直觀智慧的非線性生態體悟：現代物理

學和東方神祕主義思想一樣，必須處理「實在」的非感覺經驗（Capra,1985：51），這種感覺經驗，往往不是理性思維所能發

生功效的。愈是嚴謹的數學語言，愈失去其描繪「實在」的彈性。因此，「概念」、「型模」、「理論」，只能近似地描述「實在」，成為一種地圖，而非真正的地形形狀。對於地形彎彎曲曲的形狀，仍有賴於曖昧的語言，以保持若干程度的彈性，才能有效地接近「實在」。甚至於有時候，必須拋棄語言，或概念的理性思維活動，讓直觀的活動，突然產生有創造性的慧見（insight）。而理性知識是一種抽象概念和符號的系統，也是一種直線的、序列的結構（linear,sequential structure）（Ibid,p.27），因此是有其限度的。相反的，生態體悟是宏觀把握，來自於非線性系統的直覺。直觀洞識能力，在組織高層中具有相當重要性。位階較低者，愈需要也愈有可能在穩定的系統內，掌握少數的變數，而從事理性的分析；但在高階層者，因為當面臨各種複雜的、突發的危機，根本難以作出理性的分析，此時就需要直觀的智慧，當機立斷，宏觀地把握。同時，理性分析與直觀把握是互補的，兩者並不衝突。科學哲學大師 Karl Popper 有幾本名著，其中之一即《The Logic of Scientific Discovery》，即可參證。

其實，行為的真參實修，即是培養直觀體悟的能力。南老師在指導禪坐時，再三叮嚀，放棄邏輯推理的思考，從數息觀中慢慢培養直觀的能力。所謂直觀能力，人人本自具足於心性中。

孟子曰：「人之所不學而能者，其良能也；所不慮而知者，其良知也。」又說：「惻隱之心，人皆有之；羞惡之心，人皆有之；恭敬之心，人皆有之；是非之心，人皆有之。惻隱之心，仁也；羞惡之心，義也；恭敬之心，禮也；是非之心，智也。仁、義、禮、智，非由外鑠我也，我固有之也，弗思耳矣。故曰：求則得之，舍則失之。」孔孟的心性之學，從仁、義、禮、智內在本心中，開啟道德價值之源，成為禮治的基礎，使人有恥且格，這是當前社會因技術理性過度膨脹的結果，失去人際互動的真誠往來，所以難以建立「社會資本」（social capital），因而在政治與經濟場域，形成爾虞我詐的氛圍。眼看他起高樓，眼看他樓塌了，只停留在短期的實用境界中，非長治久安之道也。

茲再舉一例，以明西方邏輯推理之細膩，與中國直觀智慧的全局把握，二者各有所長，但絕不可以西方邏輯推理之便，隨便否定直觀智慧全局把握的心得。吾人應知：「平常心就是道」，有境界者聞之即悟，有道者曖曖內含光，用不著將自己的生命工具化，去追求「出類拔萃」的風頭；可漸悟者，必須一步一步推理，而得出結論。試以學開車為例：

第一階段叫「無意識的無能」（Unconscious Incompetence），此時對自己不會開車，認為無所謂，即為無意識的無能。

第二階段叫「有意識的無能」（Conscious Incompetence），此時因受外界的刺激，而警覺到不會開車這種無能，是一種損失，這時想學開車的意識，成為訓練需求的開始。

第三階段叫「有意識的有能」（Conscious Competence），此時因參加駕駛訓練而獲得駕照，驟然有興奮之情。雖已會開車，但仍有興奮之情，以致開車可能誤事。

第四階段叫「無意識的有能」（unconscious competence），此時將會開車視為稀鬆平常之事，而無意誇大。此時境界即達「平常心就是道」的境界。《莊子》中庖丁解牛的故事，即類似此四階段的分析。頭三年，庖丁停留在感官目視的階段，後來到了形而上的「神遇」階段，這就是前述已取得「默會知識」的境界。到此境界，語言或邏輯的分析，已屬多餘的事，得到形而上的神遇或「默會知識」，也難以言說，只好叫你參，行以求之或行以知之，局外人的謾罵與讚揚，皆身外之物，與我何干？

以上三方面，均涉及科學、哲學的嚴肅問題，吾人不能以當今常態科學的角度，隨便評論。南懷瑾老師生前，非常重視當前腦神經與認知科學的發展，他認為，科學的發展，將朝向與儒釋道心性之學相通的方向融會貫通。尤其是佛法「心能轉物」的科學發展，將對人類深有啟發。世界知名的管理學家彼得・聖吉（Peter Senge）有所謂的「系統思考」（system thinking），在他追隨南師學習禪定的十五年之中，亦對此一看法深有體會。

南懷瑾老師在中國文化史上將來可能的地位

我之所以寫作這篇文章，不是為了替南老師辯護，我知道他老人家不在乎這些累贅的身外之物，他要我看《莊子》百千萬遍，早就看透我的思維傾向（mindset），須以莊子思想來調劑之。我雖然只看了兩遍，果然受益匪淺。我還發現一九七七年諾貝爾化學獎得主 Ilya Prigogine 在一九八四年出版的《Order out of Chaos》一書提出，新的自然正在形成，與《莊子・天運篇》相通（1984，P.22）。

《莊子》：「帝王之功，聖人之餘事也。」又說：「外重者內拙」、「其嗜欲深者，其天機淺」，這些話與《孟子》：「養心莫善於寡欲。其為人也寡欲，雖有不存焉者寡矣；其為人也多欲，雖有存焉者寡矣」道理相通。儒釋道三家著重點或有不同，心性修行工夫或簡要或細密，亦各有不同，然同樣重視誠意正心修身之學。

近三百年來的西方牛頓物理學典範的世界觀，為愛因斯坦的典範所取代，從量子理論的心物一元論，取代了唯物論。二十一世紀科學的發展，又掀起心能轉物的研究趨勢，則吾國心性之學，當有重振的一天，以挽救技術理性過度膨脹的時代文化。誠如陳寅恪所說：「華夏文化，歷數千載之演進，後漸衰微，終必復振。」

中國自春秋戰國以來的原生文化，是為中國文化的第一波文明，以孔子集大成。第二波文明，儒學兼吸釋道而形成宋明理學，但與孔孟之學有所偏離，所以南老師親寫《原本大學微言》，釐清一些觀念。第三波文明，乃對西方盛世文明的消融貫通，並吸納西方的科學與民主。不過，沒有復興中國傳統的道學或心性之學，人際間互動的真誠，難以樹立；沒有心性之學的基礎，人的自利與欲望，也難以使經濟與環保相互協調。

因此，第三波的中國文明，必須恢復孔孟的心性之學，除了一般哲學或學術的疏通之外，最重要者，當屬修證體悟孔孟心性之學，融合儒釋道三家的精華，行以求知，則南懷瑾老師所開拓的文化新境界與修行功夫，將更值得現代與未來的治國者與修道者重視。

參考書目

南懷瑾——

- 1955/1973/1978/1980 **《禪海蠡測》** 臺北：老古公司。
- 2012 **《廿一世紀初的前言後語》** 下 臺北：老古公司。
- 1989 **《如何修證佛法》** 臺北：老古公司。
- 1992/1996 **《金剛經說甚麼》** 臺北：老古公司。
- 2008 **《禪與生命的認知初講》** 臺北：老古公司。
- 2009 **《原本大學微言》** 上／下冊 臺北：老古公司。

吳瓊恩——

- 2005 **《行政學的範圍與方法》** 2nd ed. 臺北：五南公司。
- 2011 **《行政學》** 4nd ed. 臺北：三民書局。

- Capra,Fritjof.1985. **The Tao of Physics:An Explorationof the Parallels Between Modern Physics and Eastern Mysticism.** (2nd ed.) Boston: Shambhala publications.
- Kuhn,Thomas S.1962/1970. **The Structure of Scientific Revolution.**

2nd ed., Chicago:The University of Chicago Press.

- McTaggart,Lynne 梁永安譯 2008 **《念力的祕密：叫喚自己的內在力量》（The Intention Experiment:Using Your Thoughts to Change Your Life and the World**,2007）
- Popper,Karl R. 1968. **The Logic of Scientific Discovery.** New York: Basic Books.

掃去歷史文化千年塵封
再現傳統智慧本地風光

趙海英

清華五道口金融學院博士生導師

認識南老師，是因為一個疑問。

一九九二年，我美國博士畢業，來到香港科技大學任教。每日裡，研究問題，教書育人，聽海觀潮，生活很是愜意。

一九九四年夏，心裡升起一個很大的疑問：生命到底是怎麼回事？生命的意義到底是什麼？後來我知道，這是幾千年來人類追尋宇宙真理的大問，也是老師常常對人們的發問。

我把這個問題拋給了我的同事兼朋友吳教授。我知道他沒有答案，因此給他的問題是：有沒有這麼一個人，或者這麼一個地方，能回答這些問題。他說：「有啊。」我說：「那你帶我去！」這是我的脾氣，直截了當。就這樣，我來到了南老師在香港的「人民公社」。

認識南老師之前，我完全不知道中國傳統文化是何物，從沒讀過他的書，也不知道南老師為何許人也！因為，我出生在文革時期，那時候在中國大陸，傳統文化被認為是反動的「四舊」，唸過的古文僅限於中小學課本裡的那幾篇寥寥可數的文章。

香港堅尼地道老師的會客寓所，地處半山，面向市中心的香港公園，外號「人民公社」。那裡有好茶喝，有可口的「歐陽菜」（晚餐是一位叫歐陽哲的同學準備的），有三教九流的訪客。南老師一頭白髮，目光炯炯，一襲傳統的長袍或者中式衣褲，雖已經快八十歲了，但聲音洪亮，步履輕盈，連年輕人都趕不上。從傍晚六點到深夜十一點是會客時間，客人們圍坐在圓桌旁，聽南老師暢談古往今來。老師才思敏捷，詩詞經典信手拈來，猶如活電腦一樣；他智慧幽默，客廳裡不斷地笑語歡暢。公園裡還有一批特殊的「客人」，據說每日傍晚六點左右，當老師和客人們陸陸續續來到堅尼地道時，成群結隊的白色鸚鵡也聚集在香港公園的大樹上，與寓所遙遙相望，好像也來聽課一樣。第二天一早，牠們又不知所蹤了。日復一日，從來沒有間斷過。世界上大概沒有第二個這樣的地方了。

我的第一印象：這裡很好玩！而老師，就是一個智慧的老頑童！

不知不覺間，在「貪玩」的過程中，我逐步瞭解了中華文化的博大精深，深深愛上了傳統文化；並進一步以古聖先賢為榜樣，修身齊家、利益社會、利益國家。也許，這就是南老師的高明之處，潤物細無聲！如果他對我提出刻板的要求，以我這個經過破「四舊」洗禮，又喝了點洋墨水的年輕人，恐怕是不會在堅尼地道久待的。在那裡，我比較系統地學習了傳統文化知識，更重要的，我學習了怎樣作人做事，老師是我的「經師」兼「人師」。

說起作人，只要在他耳目所到的範圍內，老師對大家皆是觀察入微、關心備至。客人來，老師必是起而迎之；客人離開，必是起而相送。看見客人有寒氣侵入，一定給你送上由宏忍師調配的祛風藥，也包你藥到病除。

但是大家對老師的做法有時也有疑問。老師說，我就是一個大話頭，你們參透了，就悟道了！比如，老師的有教無類，讓很多人，有時甚至是跟隨多年的學生困惑擔心。我也曾經私下問過類似的問題：老師，這個人做過不該做的事，您為什麼還對他這麼好？老師說：好人需要教化，壞人更需要教化啊！在老師看來，他來到這裡，想學習點東西，就是一念向善，就應該給他改變生命的機會。老子說：「美之為美，斯惡矣。善之為善，斯不善矣！」經過十幾年的磨礪，我也漸漸明白了、理解了。老師完全是因人施教，你需以什麼面貌教化，他就以什麼面貌出現。不少這樣的人，就是在老師大機大用、嬉笑怒罵皆是文章的智慧教化下，而轉身為一個利益社會的人。接受這樣的學生需要胸懷和對世事的洞明，調教這樣的學生需要智慧和人情練達的善巧。

關於讀書的方法，我們也有存疑，認為背誦古文就是填鴨式教學法。老師推廣兒童經典導讀活動，叫孩子們在年輕記憶力最好的時候，運用輕鬆的誦讀方法，自然記憶經典的文章，將來一輩子受用。老師自己就是在這種教育傳統下長大的。我和李素美女士等一同去陝西、廣東粵北等地的貧困小學推廣經典導讀，發現孩子們確實記憶力驚人，一段「大學之道」，重複幾遍就基本上記下來了。南老師說：「『經典』的古書，它本身的文字，便是『文學』的『藝術』作品，所以也叫它是好『文章』。好『文章』就是『文學』的『藝術』，一定可以朗朗上口，便是很有韻律的歌唱。……聲聲朗誦，那便是最高明的方法，使兒童不用絞盡腦汁去背記，自然而然進入記憶，一生到老也不容易忘掉。……只要有內行的好老師，懂得這種不是『注入』式的教育法，就可以自然而然到達『啟發式』的『注入』效果了。」現代人把誦讀法用錯了地方，逼迫孩子背誦「小鴨子叫、小鳥兒飛」，甚至背誦很多其他無用的文章，那才是真正的填鴨。

對傳統文化，我們也是有疑問的。中國近百年的積弱，很多人把這筆帳算在了傳統文化身上，認為這之乎者也、子曰之類，是罪魁禍首，一定要推翻重來，甚至全盤西化，方能挽狂瀾於既倒。於是有了新文化運動，有了白話文運動，有了破「四舊」等等。我們這一代，經過了破「四舊」的洗禮，是讀巴金的《家》、《春》、《秋》和魯迅的《吶喊》等長大的。

的確，經過千年的變化，中國傳統文化已經滿目塵埃、斑駁陸離，已經失去了由上古而春秋戰國而漢唐所積累的那種磅礴的氣概，那種光芒四射的輝煌，轉而變成扭曲人性、故步自封的醬缸。上古的中國是一個格局，經過春秋戰國幾百年的過渡，到秦朝，再到漢唐，達到另一個格局的頂峰。與上古的制度、文化相比，秦及漢唐既有制度的創新，也有文化的重整。中國傳統文化在漢唐達到頂峰之後，其政治經濟制度到文化思想，就再也沒有突破那個格局，而只是在那個固定的格局裡輪迴、旋轉，隨著一個一個朝代的更替周而復始。

在老師看來，從宋朝理學開始，「把中國人，尤其是知識分子——讀書人的所有思想，十足牢籠了一千多年，範圍了知識分子的意識形態，大致都不敢越雷池一步」，士子成了沒有勇氣和膽識的儒生。「從明朝開始，把考取功名的作文格式，創制成一種特別文體，叫做『八股』。……這種八股意識的發展，自清王朝下台以後，尤其厲害。在國民黨當政時期，考試文章中，如果沒有講一點三民主義的黨八股，就休想有出路」（《原本大學微言》）。

那種束縛，如緊箍咒一般，越來越緊，直到內憂外患的清末，迎來千年未遇之大變局。近代對傳統文化的「清算」就是這種千年束縛的一種「反動」，是一次本能的「解放」。但「解放」了之後，中華文化又向何處去？中華民族紮根何處？則是留給現代中國人的一個大問題。

老師說：現代人最大的迷信是迷信科學，還有對「現代」的迷信。你們讀過傳統經典嗎？沒有讀過，怎麼知道不好呢？讀過了，才有發言權。那讀什麼書呢？老師叫我讀歷史、讀經典，莫讀漢唐以後書。古人說，六經皆史也，古人的讀書思考方法是「經史合參」。在我看來，老師做到了「經史合參」，透澈了中國幾千年的傳統智慧；同時，老師做到了「古今合參」，能夠觀今鑒古，古為今用；同時，他還做到了「中西合參」，在千年未遇之大變局下，融會貫通中西學術。南老師是讓傳統文化智慧與現代文明有機融合的現代智者。因此他建立了「東西精華協會」，認為人類再往前走，需要東西方智慧的融合，需要東西方智慧的兩個輪子，東方需要向西方借鏡，同理，西方也需要向東方借鏡。

在這種背景下，南老師以其上下五千年、縱橫十萬里、經綸三大教、出入百家言的博大學問和胸懷，擔起文化中興的擔子，直承漢唐之雄渾與磅礴，發起重整中華文化斷層之偉業，修造一條人走的大路！他掃去了歷史文化的千年塵封，再現了傳統智慧的本地風光！他捨其糟粕、取其精華，所以有了一本本卓爾不群的「別裁」、「旁通」、「他說」、「雜說」等等，沒有任何的宣傳、推廣，但讀者以百萬、千萬計，三教九流、中國人外國人，受教者無數。

南老師是中華文化的集大成者及現代弘揚者，他自稱白頭宮女，在那裡獨自嘮叨，那種心情，就像古人詩句說的：

淨洗濃妝為阿誰　子規聲裡勸人歸

百花落盡啼無盡　更向亂峰深處啼

南老師對中華文化的堅持令人敬佩，在人類日益被物所轉的今天，其孤獨寂寞也令人心痛。他說，「文化是人類民族的靈魂，尤其是一個國家民族，切不可自毀靈魂，但取軀殼的糟粕文明。更不可毀千秋的文化大業……那是必有自懺孟浪，後悔莫及的遺憾啊！」二〇〇九年，在他最後一次大型禪七活動上，談到中華文化的斷層，九十多歲的老人泣不成聲。這個老人，九十多年來，日夜耕耘，不辭辛勞。這是對這個民族、這個國家的擔憂之心、拳拳之心啊！

能認識南師是我的幸運，讓我領略了中國傳統智慧的旖旎風光，生命從此有了著落，生命的疑問也有了答案。更幸運的是，由於工作時間比較靈活，得以有大塊的時間隨侍身邊，有幸親眼目睹一個生活在當代的「古者」，一個融合了當代精神和幾千年文化沉澱的「賢者」，目睹他教化之出神入化，親見一個個鮮活的案例，以及老師如珠之走盤的活學活用，才知道中華智慧的透澈與靈動。就像來辛國先生說的，老師本人比他的書還要精彩一百倍！親臨這一切，庶境之美，有不可言喻者！中華智慧猶如大海，滄海拾貝，我也有所得；與海通波，我親身感受了其汪洋廣闊！

南懷瑾的學問與修行

薛仁明
臺灣學者、作家

南懷瑾先生去世半年多了，偶爾，還聽到有人批評他。相較於批評者，尊敬他的人，當然更多。南懷瑾的粉絲，層面甚廣、範圍頗大，三教九流都有。罵他的人，倒很集中，不外乎知識分子、學院學者，以及受他們影響的年輕人。

這些人，均雅好讀書，也都頗有學問。不過，他們從不認為南懷瑾有學問，或者說，他們總覺得南懷瑾的學問大有問題。

南懷瑾有無學問，其實是個偽命題。真正的關鍵在於：他們和南懷瑾，本是迥然有別的兩種人；所做的學問，更壓根不同回事。

首先，南懷瑾讀書極多極廣，卻絕非一般所說的學者。他沒有學問的包袱，也不受學問所累。南懷瑾素非皓首窮經之人，更非埋首書齋之輩。他不以學問為專業，也不讓學問自成一物。他對實務的真實感極強，對生命之諦觀與世局之照察，均非學者可望其項背。他是修行人，也是個縱橫家。他是傳奇人物，也是個在世間與出世間從容自在出出入入之人。因此，他的影響力，不只在於對中國傳統文化有興趣之人，更遍在於民間的三教與九流。

再者，學院一向專業主義掛帥，逢人便問，研究的是甚麼專業？南懷瑾沒啥專業，是個通人。在學問的路上，他沒太多師承，也沒明顯的路數。他自私塾讀完書後，參訪四方、行走江湖，既俯仰於天地，又植根於中華大地，然後，向上一躍，直接就「走向源頭」（林谷芳先生語），再從學問的源頭處立言。因此，氣魄極大，視野也極遼闊。他將文史哲藝道打成一片，不受學術規範所縛，也不受學術流派所限，更不管枝節末微的是非與對錯；他行文論事，總信手拈來，左右逢源；言說之方式，更是不拘一格。因此，他的書可風動四方，也可讓沒啥學問的人讀之歆喜。於是，明白者，知其汪洋閎肆、難以方物；不知者，便難免有「隨便說說」、「野狐禪」之譏了。

南懷瑾的心量與視野，又迥異於一般談傳統學問常見的那種宋以後的格局。宋之前與宋以後，差異極大，攸關至巨。宋之後，士專於儒，而儒又閉鎖，士遂萎縮。士的萎縮，導致理學家的大談心性，也導致晚明文人的耽溺風雅，還導致乾嘉士人埋葬於故紙堆裡的考據學問。而今兩岸的中文學界，仍多是這三個系統的分支與衍生；能昂然掙脫者，其實不多。也正因如此，越到後頭，談中國學問的讀書人給人的印象，常常要不就酸、要不便腐，要不就充斥著門戶之見的意氣之爭。換言之，自宋以後，士人的整體格局，忽地變小；該有的氣象，也已然不再了。

南懷瑾不然。南懷瑾直承漢唐氣象，兼有戰國策士的靈動與活潑，同時又出入於儒、釋、道三家。於禪，獨步當今；《禪海蠡測》，尤其精要。但他的《論語別裁》，卻風靡無數，最是膾炙人口。究其原因，或以其通俗易懂，但更緊要的，其實是全無宋儒以降之酸腐味也。當然，以專業角度來看，《論語別裁》細節上的謬誤，其實甚繁；章句的解說，更多差池。正因如此，向來強調專業主義、執著於細節真偽對錯的兩岸學者均不以為貴；不僅長期忽視之，甚至還一直蔑視之。只要談起《論語別裁》，幾乎就是不屑一顧。然而，《論語別裁》的價值，本不在於細節的是非與對錯。該書之可貴，是在於跨越了宋以後的格局，直接再現中國學問該有的宏觀與融通。有此宏觀與融通，便可使學問處處皆活，立地成真。

南懷瑾在《論語別裁》一書中，幫孔子添了不少禪家及縱橫家的氣味；這與孔子的原貌，當然頗有落差。可是，這種新鮮味，肯定很符合孔子之心意；如此空氣多流通，更是契合於孔子。南懷瑾即使說錯，孔子看了也覺得有意思。孔子最異於後代儒者，即在這空氣之多流通；因空氣多流通，孔子與時人多有言笑，也可聞風相悅。除了《論語》，南懷瑾又看重《孔子家語》。《孔子家語》朗豁而不拘一格，許多「正經」的儒者以及「認真」的考據家都說是偽書，可南懷瑾從不計較那書偽或不偽，只關切那心意真或不真。

事實上，凡事都該空氣多流通。空氣流通，才可呼吸吞吐，學問才會有氣象。學問如此，為人亦如此。曾有南懷瑾的學生說，南「比江湖還江湖」；另一個學生則看南懷瑾「不管如何歪魔邪道的人物，他照樣來者不拒」，別人怎麼議論，南也從不理會，遂看得「既驚又怕」；後來總算漸漸明白，才由衷佩服，言道，「南老師是既可入佛，又可入魔的老師」。

這般江湖、這般吞吐開闔，當然迥異於今日學問之人，也有別於宋以後的主流儒者。南懷瑾若相較於古人，先秦迢遠，暫且不說；在漢唐的典型士人中，張良運籌帷幄，決勝千里，是個黃老。諸葛亮通陰陽、擅兵陣，民間至今津津樂道其計謀活潑；京戲裡的孔明，還穿著一襲八卦服。他二人，一興漢，一扶漢。數百年之後，又有奠基大唐盛世的貞觀名臣魏徵，剛毅嚴正，其年少學問的根基，卻是縱橫家；至於唐代中興名臣李泌，史冊說他與肅宗「出則聯轡，寢則對榻」，自稱「山人」，行軍於君側，則是一身的白色道袍。

南懷瑾呢？南懷瑾講佛經、說儒典、談老莊，此外，也頗涉謀略之學，分別講過《素書》、《反經》、《太公兵法》；其人有王佐之才，其學堪任王者之師。嘗被舉薦於臺灣當局，亦曾為蔣經國所重視。但作為一個領導者，蔣經國好忌雄猜，其實容不下有王者師姿態的人；他喜歡的，是忠誠勤懇之技術官僚。南懷瑾為人不羈，且大才盤盤，門人又多一時顯要，旋即遭蔣經國所忌。南見微知漸，遂毅然離台赴美。

南懷瑾講述的《反經》，又稱《長短經》，談的是「王霸之學」的縱橫之術。南懷瑾言道，「長短之學和太極拳的原理一樣，以四兩撥千斤的本事舉重若輕」，正因舉重若輕，又能出能入，因此，長短之學不僅通於太極拳，更可通於凡百之藝。凡事若能「中」（去聲），能準確地命中要害，才可能舉重若輕。大家熟知的庖丁解牛，就因能「中」其肯綮，故「恢恢乎其於遊刃必有餘地」，那正是藝之極致——不僅神乎其技，更近乎道矣。

孔子也深契於「中」，故能遊。孔子說，「游於藝」；蓋其生命有迴旋餘裕，可優哉游哉。相較於後世儒者，孔子多了「無可無不可」；於是在俯仰之間、進退之際，遂有迴旋餘裕可資優游。藝是生命之迴旋餘裕而化為各種造形，因此，藝也通於遊戲。至於「王霸之學」所談的謀略，則是天意人事在恰恰一機的遊戲之姿。凡長於此者，多跌宕自喜之徒。因此，曹孟德詩，最稱獨絕；近世毛潤之，亦頗有詩才。李白好任俠，志在「王霸之學」，為人跌宕自喜，詩遂成千古絕唱。

南懷瑾善謀略，也通於諸藝。他學得一身武藝，平日不輕易顯露，但仍教過國民黨大老馬紀壯、劉安祺等人打太極拳。他又通醫術，會幫學生開方子。南之門人孫毓芹，古琴界尊稱「孫公」，乃數十年來臺灣最重要之琴人，其在臺灣的古琴因緣就是由南懷瑾而起。又佛教梵唱有「蘇派」，當年在臺傳人，唯有戒德老和尚，南為延請至臺北的「十方叢林」書院傳授唱誦，還親自頂禮恭請。此外，南懷瑾也寫詩填詞，另有一手清逸的好字。直到九十三歲，他還示範吟唱杜甫《兵車行》，聲若洪鐘，音正腔圓，據現場與聞者形容，「氣勢如壯年，音清如少兒」。

當然，南懷瑾最突出的，還是他的修行。他的修行，與他的學問，從來就是一體的。南懷瑾對於修行，不僅知得，更能證得；體道之深，當世鮮少有人能比。他道業有成，道名天下揚；不管是兩岸三地，或是海內海外，折服於他的，多半是緣於修行。可當代的知識分子，恰恰離修行最遠；甚至連甚麼是「道」，他們都只有概念的分析，卻從來無有生命之實證。

知識分子因不知修行，常常書讀得越多，越把自己搞得滿臉浮躁、一身鬱結。結果，這些讀書甚多、自認一身學問卻又不時為躁鬱所苦的讀書人，竟對年逾九十都還神清氣爽、滿臉通透的南懷瑾大肆批評。

這真是件怪事。不是嗎？

南懷瑾：正確認識我們自己和我們的時代

雷蒙（Joshua C.Ramo）
季辛吉事務所（Kissinger Associates,Inc.）副總裁

「正名」是中國哲學最基礎的概念，很難想像有任何比它更基本的哲學概念了。如果我們使用的標籤、名稱是錯的，怎麼能夠把握我們自己、把握這個世界或我們的想法呢？學習中國哲學，首先相遇的，可能就是這個概念。文字非常重要，否則就無法踏上學習中國哲學的歷程。所以，我和南老師第一次見面，他就注意到了我的名字問題，也許我並不應該感到意外。

那天我和南老師只是簡短地交談了一會兒，接著就和大家一起晚餐，邊吃邊聊，像開研討會一樣。那是在太湖之畔，春寒料峭，淡淡的燈光下，大家圍著圓桌團團而坐。如往常一樣，南老師手裡夾著根香煙。談論的話題主要是打坐和修行的問題。討論接近尾聲，南老師準備離席了——他步伐很輕快，會讓第一次見到的人很驚訝，他可是在電話普及使用之前就出生的一位老人哦——他停了一會兒，又問起我的名字來。

「雷蒙是一個好名字」，他說道，「誰給你起的名字？」

我以為他聽錯了我的名字，糾正他道：「實際上我的名字是雷默。」

「這個名字不好」，他說道，「這個名字是怎麼來的？」

我解釋說，「雷默」這個名字和我的英文名字發音類似，同時反映了對立統一的傳統概念，我的名字中就是「雷聲」和「沉默」。

「不對」，他說，「你這不是對立統一，是矛盾。兩個都不是，不可能有沉默的雷嘛，也不可能有雷鳴般的沉默嘛。這對你是個阻礙。」

他停了會兒，然後說：「你應該叫雷蒙。」他端詳著我，重複道：「雷蒙」，然後他轉過身去，用他特有的詼諧和幽默，對我的朋友親切地打趣道：「雷蒙，很可愛。」

我不時回想這一幕，這其實是他給我上的重要一課，我和南老師的交流中蘊含著老子「見微知著」的思想。我和老師的每一次會面，包括我們第一次見面，都能窺見南老師的獨特教育方式以及他給我們留下的遺產。

比如，南老師當時並非只是在講我的名字。他要確定，從我開始跟他學習的第一天開始，就要有一個正確的基礎。他堅持，作為學生的我，對自己的名字應該認真考量並予以修正。這種嚴謹正是他教學的特點。如果你去讀他的《金剛經說甚麼》，就可以感受到，他正是通過對經典中每個辭的原意的正確解讀，來傳承兩千五百年的傳統文化的。這是最重要的原則：每個字，甚至在無法用文字說明時，都必須有正確的理解。

南老師在「調整」我的名字時，也指出了一個關於文字和名稱的重要事實。名字不僅指代事物，也在很大程度上決定了所命名事物的命運；決定了事物的運行及事物的真正意義。我原來的名字似乎意味著我要一件事——維持喧囂和安靜之間的平衡。但正如南老師所解釋的，這個名字起到了其他作用，它阻礙了能量的流動。這不僅是語法上的深刻見解，更是對我的名字和生活之間關係在心理層面上的深刻見解。南老師總是關注著事物的真正含義，而不是表面含義，不管是政治層面，修行或者「道」。在他看來，文字的真正意義本身就是一種行動。

同學們與南老師一起吃晚飯時，大家會談到我感興趣的一些話題，如政治、權力和哲學方面的問題。而每當輪到我發言時，老師總是不斷地追問我名字、意義和內涵。這些教誨讓我直接目睹了他的教學風格。他並非追求西方觀念中的文字精確，對他來說，西方概念中的精確是個偽概念，因為無法達到真正意義上的準確。他所要的那種精確，是任何標籤、文字都無法實現的。南老師追求的是更深層次的準確，非準確的準確。

他通過許多方式顯示了這一點，包括他的教學方法。他似乎認為事物的意義不僅由事物本身決定，還同樣由其環境決定。所以整個環境中的所有事物都是創造意義的工具，一花一葉，皆是道中物！在傳道授業上，南老師運用的不僅是書上的文字、耳朵聽的話語，而是學生全體身心的所思所感。他運用情緒和情感之嫺熟，就像西方邏輯學家運用計算尺一樣：他前一分鐘還笑著說著觀點；下一分鐘就能讓他的學生因為沮喪和困惑而惱怒。南老師的教學是討論會式的，他傳道的方法非常善巧，不僅僅用他自己的學識，還考慮學生們的知識，並調動同學們的各種情緒和冀望。其他的傳統都是強調通過「看」或「聽」來領悟。南老師希望學生全面感受、徹底領悟，從內而外，全身心的，一種感官或一條道路是不夠的。這是我接觸過的最有見識和最強有力的教學方法。

我曾花很長時間思考南老師曾經教我的關於權力、政治和外交關係的一課。南老師認為我們正經歷一場劃時代的變革，這次變化的深刻性不亞於——甚至超過——西方啟蒙運動及工業革命或中國春秋時期的變革。他對我講到如何在這樣一個時代生活並活得有意義時，講解了戰國時代的著名謀略家蘇秦的故事。他說，我應該學習蘇秦在混亂年代的成功外交。他講到了蘇秦「懸樑刺股」的故事：蘇秦受到羞辱，下定決心，發奮讀書，為了在學習時保持清醒，把頭髮綁在房樑上，拿錐子刺自己的大腿。

南老師鼓勵我遵循類似的道路。他說，「如果你足夠努力、足夠用功，甚至可以超過你的導師季辛吉！」我花了很長時間思考南老師說這番話到底是什麼意思。蘇秦那幾年的苦學到底學到了什麼？他是怎麼學的？一個政治家最需要領悟什麼？蘇秦除了讀史，顯然還下了其他功夫。最後我明白，那是蘇秦對自身靈魂和心靈的精確勾勒。本著《大學》的精神，他進行了一次內心之旅。他訓練的是自己的直覺，因為在一個無法預測的亂世，我們唯一的辦法是依靠自己的直覺。這個頓悟改變了我的生活。

南老師的這個觀點和我的導師季辛吉給我的第一個關於談判的建議不謀而合：「Joshua，你應該瞭解和你打交道的人的心理。在此之前，你不應採取任何行動。」季辛吉博士認為要通過看清對方的內心才能明瞭局勢、發揮影響力；而南老師希望我看清楚自己的內心。他窮其一生，不斷改進、保留和傳授幾千年來最適合這項工作的方法。一個世紀以來，也許找不出另一個學者能像他那樣博學廣聞，授業解惑。

這也使他敏銳地感覺到我們所有人周圍發生的事情，不僅僅是我們內心。他對我們提出的基本問題仍然是：如何在一個巨變的時代中生活。這也是為什麼他如此受人尊重。他提醒我們要仔細做好準備，從某種意義上要像蘇秦那樣。我們要準備好，做到正確地看問題（正見），然後在正確的時間採取正確的行動（正行）。這要從我們對自己的稱呼做起，所以現在我名叫「雷蒙」。

Nan Huai-Chin and The Accurate View of Our Age and Ourselves

Joshua Cooper Ramo
Vice Chairman
Kissinger Associates, Inc.

"The Rectification of Names" 正名 is among the very first ideas that any student of Chinese philosophy encounters. It' s hard to think of any idea, in any philosophy, that is more fundamental: How can we govern ourselves our or world or our ideas if the labels and names we use are wrong?

Words matter a great deal. One cannot begin a step down any of the roads of Chinese philosophy without proper names. So perhaps it should have been no surprise to me that the problem of names concerned Master Nan as well, and that he would take it up instantly with me the first time we met.

Master Nan and I had spoken only briefly before a handful of guests sat down together with him to one of his seminar-style small dinners. It was spring in Taihu, but the weather was still cold, and most of us were clustered together around a small dinner table under dim lights. As usual, he had a cigarette in his hand. The conversation had revolved around problems of meditation and cultivation. He stopped for a moment as we concluded a discussion and before he headed off for the evening - with that very fast walk of his that made you startled someone born before telephones were common could move so fast - he asked my name again.

"雷蒙. That is a good name," he said. "Who gave it to you?"

I realized he had misheard and corrected him: "Actually, my name is 雷默. "

"That is not a good name," he said. "Where did it come from?"

I explained that the name sounded like my English name and that the characters had been selected to reflect the traditional idea of a balance of opposites, of thunder and silence in this case.

"No," he said. "This is not a balance of opposites. It is a contradiction. It makes it impossible to be either. You cannot have thunder that is silent. You cannot have silence that is thunderous. This is a block for you."

He paused for a moment and then said: "Your name should be 雷蒙." He looked at me carefully and said it again: "雷蒙." Then, in that inimitable joking way he had, he turned to a friend of mine and said, flatly but with a bit of grin: "雷蒙，很可愛."

As I have reflected on it over the years, this was a powerful lesson he was giving me. That Taoist idea that the whole is often visible in the part, was at work in my interaction with him as well: Everything about his teaching method, about the legacy he has left us, was visible in almost every encounter with Nan Huai-Chin, including my very first meeting.

For instance, Nan was not only speaking about my name. He was making sure, on my first day of study with him that my most basic foundation was correct. He was insisting that as a student this most fundamental thing - my own name - should be examined and brought to right-seeing. This sort of precision is a mark of his teaching. Read his long, line-by-line discussion of the Diamond Sutra and you can sense very quickly that this emphasis on word-by-word fundamentals is essential to the nature of the role he played in the transmission of 2,500 year old ideas. This is real discipline: Right understanding must extend to a proper understanding of every single character, even when that understanding is not always something that can be put into words.

When he “adjusted” my name, he was also pointing at an important fact about how words and names work. They don’t only identify objects, they determine a great deal about the life of the objects that are being named: how they move and act and what they really mean. My old name had seemed to me to do one thing - uphold a harmonious balance between loud and quiet. It fact it was doing something else, as he explained: it was blocking the flow of energy. This was as much a psychological insight about my name and my life as it was a grammatical one. Master Nan was always concerned with the problem of what things really mean: politics, enlightenment, tao. But for him meaning was a kind of action.

Whenever I had to take my turn at those dinner conversations with him and other students talking about the problems of interest to me - usually problems of politics and power and philosophy - he would chase me relentlessly with questions about names and meanings and intentions. In these lessons I had a chance to see his teaching style at work. He was not after precision in the Western sense of the world.

For him our Western precision was fake in a sense, it pretended to an exactness that no label could ever really achieve. Nan was after an even deeper exactness, the exactness of non-exactness.

He showed me this in many ways, not least in the way he taught. He seemed to believe that meaning was really determined by the environment as much as by the object you are trying to name So everything in the overall environment was a tool for creating meaning. Partly this was because every object held a place in the Tao. When it came to teaching, this meant that what mattered to Nan was often not only what was on the page but what was in the hearts and minds of his students as well. He would use emotion when he was teaching the way a Western logician might use a slide-rule: one moment he' d laugh his way through a point he' d be making; the next he' d make a student angry with frustration and confusion. Nan was conducting a seminar but the tools were not only his knowledge but also the knowledge of his students, their emotions, their hopes. In other traditions people "see" enlightenment or "hear" enlightenment. Nan wanted his students to completely feel enlightenment, from the inside out, so no one sense or path was sufficient. It was the most mindful and powerfully effective way of teaching I have ever encountered.

I once spent a long time thinking over a lesson Nan was trying to teach me in a discussion about power and politics and diplomacy. Nan believed we are living in a period of really epochal change, that our world is about to be altered in ways as profound - maybe more profound - than the change that was brought by the industrial revolution and enlightenment in the West or than the Spring and Autumn period in China. When he and I began a discussion about how to live and how to have a life that mattered in such an era, he recited the story of Su Qin, the famous strategist of the Warring States Period. He said I should study in how Su Qin had succeeded with diplomacy during a period of total chaos. He recounted the intense study, the famous story of Su Qin' s humiliation and how he became so intent on learning that he would tie his hair to a beam and stab his leg with a knife to stay awake. 懸樑刺股！

So Master Nan encouraged me to follow a similar path. He said, "If you work hard enough, if you push hard enough, you can surpass even your mentor Kissinger!" I have spent a lot of time thinking what Nan exactly meant. What did Su Qin learn in those years of study? How did he learn it? What sort of enlightenment best suits a statesman? Beyond the history that he read, clearly something else was emerging. I have come to understand that it was an exact mapping of his own soul and mind. That in the spirit of 大學 he was beginning in a way on the inside. He was training his instincts because when we are confronted with a world that is chaotic and unpredictable our only tool really is our instinct. It was an insight that changed how I live my life.

Perhaps this is partly because Nan' s idea seems very much a matched-pair to the very first advice Master Kissinger ever gave me about negotiating: "Joshua, you must understand the psychology of the person you are dealing with. Before you do, you must not make a single move." Master Kissinger believed clarity and power must involve looking into the heart of another; Master Nan wanted to look into my own heart. And his life's work was in refining, saving and teaching about the tools that for thousands of years have been best suited to this work.

Probably no scholar in the last century mastered the broad number of concepts and ideas he did to handle this task. But this gave him an acute feeling for what was going on outside all of us, not just inside of us. The essential problem he raises for us still is that he asks: How to live in an age of great upheaval. This is the reason he is so revered. He offers an essential reminder is that we must prepare ourselves meticulously, like Su Qin in a sense. And this preparation must occur in a way that aligns us for right seeing, then right actions at the right time. This begins even with what we call ourselves, which is why I am now 雷蒙.

（編者按：二〇一二年一月二十四日，雷蒙帶著他給南老師的中文信，再次來訪南師。現將該函附載如下）

尊敬的南大師：

非常榮幸能夠再次和您面談。下面介紹一下這次拜訪您的緣由。

我的上一本書《不可思議的年代》指出，在當今世界，一些無法想像的事情正變得愈加平常：金融崩潰、極端政治變動、技術飛躍。我在書中探討了導致了這一現象的原因，以及如何應對。該書以二十種語言出版，並成為暢銷書（儘管還達不到南大師著作的暢銷水平）。當然，我發現南大師在早期的演講中，早已預見當今世界發生的許多事情。

我的下一本書，是希望更深入地探討如何面對這樣的世界。作為個人也好，作為國家也好，我深信，我在東方哲學中接觸到的諸多思想，在這方面都很有用。而南大師對東方哲學，已進行了非常清晰的講授。

如您所知，我從我的老師季辛吉博士處，得到西方思想的全面訓練，但這僅僅是非常特定的一種教育。我從青少年時期就開始研究禪宗的臨濟宗，所以我想看看，以禪宗的思想和南大師特長的傳統文化，能否與多種學科的思想綜合起來——並和我曾工作過的技術性的世界結合起來——寫成一本書，向讀者介紹這些新的概念和思想（儘管這些思想是非常古老和基本的），從而改變人們的思維方式。

南師說：這句話一般人都是誤解的，實際上所有人文文化最古老的，都是最平凡的，也都是最高深的。但是一般人認為，現在超過古老，這完全是錯誤的。

我求知心切，希望通過誠實努力，將新的思維方式介紹給面對複雜世界的人們。我認為，傳播知識就是功德，讓這個世界變得更加美好。我有一個強烈的信念：所有人都應該儘量發揮創造力，並有責任心。這一信念促使我致力於推動中美關係的工作，同時也促使我不斷尋求新想法和思維方式，能夠將您和您的思想，介紹給更多西方人。對於我來說，這是非常寶貴的機會。

話題一：這個時代的性質

南大師常常談到我們生活的這個時代，談到這個時代突出的特點。在大師的一些文章中，將它描述成一個變遷的複雜時代，我希望能更深入地瞭解大師在這方面的觀點，並學習大師對這個時代突出特點的認識，以及如何應對。我想知道在大師看來，歷史上哪些時期和當今時代類似；還想瞭解大師認為個人或政府，可以參考哪些有用的經典文本和思想。

我認為在某種程度上，我們的世界正回歸到啟蒙運動和工業革命之前的狀態。啟蒙運動和工業革命兩大過程，使得人們認為，可將世界理解為一系列規則，從而產生了一種想法，認為科學可以解釋所有的事情。啟蒙運動的主旨，是在打破宗教、經濟和政治力量的不對稱。而我認為，我們正回到一個不對稱的時代，一個科學無法解釋所有事物的時代，一個需要充分利用多種不同思維方式的時代。

南師說：這觀念是錯誤的，你認為現在正回到一個不對稱時代等等，這些都是小現象，如輕雲淡霧而過。二十一世紀開始是非常複雜的，不可以拿這些觀念來說明這個現象。這在西方哲學並沒有合適的解說，只好借用東方印度佛學有個名稱來說明，叫做「劫數」。

在這方面來說，東方學者的思想是必要的，但同時也意味著我們要學會加強自身修養。

話題二：從關係看問題

我希望提出的一個觀點是，我們正從一個可以（或似乎可以）理解其規則的世界，過渡到一個不斷變動的、許多規則將不再有效的世界。在這樣的世界中，最重要的是關係。所以我希望在書中描述這一發現、理解，並利用關係的力量，作為本書的核心主題。南大師提到，這在修煉或冥想的最高階段就可見識到（瞭解了）。

今天，在這個世界上最成功的許多人，無論是對沖基金經理或政治人物，都發現到，甚至本能地感覺到——關係的力量。我希望討論靜謐、冥想、修身等概念，並討論它們如何幫助我們發現事情的開端和關係。

南師說：我講的是東方的禪，禪不是冥想。冥想是印度古老哲學數論學派的思想。但是現在西方人提倡的「禪與生命科學的認知」都以冥想為最高，在我認為是百分百的錯誤。

話題三：訓練頭腦

南大師的著作介紹了多種不同的訓練技巧。我想看看我們能否開發出一套實用的訓練計劃，我想親身體驗這套訓練計劃，看能從親身體驗（而不是思考）中學到什麼。我希望設計出一套閱讀和冥想方案，幫助在這方面極少有訓練的普通人有所領悟。我設想的對象是，首次接觸東方思想的美國商人或政治人物。

南師說：別的慢慢再講。我講過，十九世紀威脅人類的是肺病，二十世紀是癌症，二十一世紀是精神病與神經病，現在正開始。尤其這個世紀是非常混亂的，所謂精神病與神經病，不只是說人的身體方面，包括全體人類的政治、軍事、經濟、教育、文化與醫學等等都在內。你想做的方案，必須把西方古代的哲學，如希臘哲學蘇格拉底、亞里斯多德這些哲學思想，與東方的禪學相結合。

我想設計一套可以向讀者詳細介紹的訓練計劃，並鼓勵他們在更廣泛的層面上進行嘗試。南大師的著作如《禪話》或《習禪錄影》，使我感到大師對禪和修身方法，持有非常實際的觀點。我想進一步探究這一精神，介紹給讀者，並鼓勵他們嘗試。

南師說：你所看到的都是我過去所有書上說的，是禪的邊緣。我正想在今年開始配合「禪與認知科學及生命科學」正式開講，你光是在我書上看到的是不夠的，有機會帶翻譯來學習。

話題四：傳記

我還想瞭解一下南大師的個人背景，以及大師在多樣的經歷中的收穫。我曾經是個記者，為美國《時代週刊》雜誌寫過許多封面人物的文章，包括兩篇「年度人物」報導。我覺得對一個人作「傳記式」的瞭解很有用，而南大師的人生如此多彩，我希望能夠進一步瞭解。比如：什麼吸引大師去了峨嵋山？從不同的老師身上學到了什麼？個人的研究中有哪些格外難忘的挑戰？所經歷的抗日戰爭時期，和抗戰時期的中國是什麼樣子？如何平衡家庭生活？等等。

南師說：我的這一生，有很多名記者、學者要為我寫傳記，我一概推辭，不讓他們寫，除非我自己寫，因為我的一生太複雜了，寫成小說可以給大家做參考。

我在後頁詳細列出了希望討論的問題，但具體談哪些，由您決定。再次感謝您的幫助。我的目標是找尋新的思維方法，同時盡可能地在東西方之間搭建橋樑。

南師總回覆：須研究《楞伽經》、禪密、唯心意識學系。

二〇一二年一月二十四日

南老師與生命科學

朱迺欣

原美國加州大學醫學院教授
原臺灣長庚醫院腦神經內科主任、榮譽副院長

早期的生命科學

其實，南老師很早就對生命科學有興趣。

一九九三年，我們經由老友陳定國教授夫婦的介紹，認識了當時住在香港的南老師。那時，我已回到臺灣的長庚醫學院和林口總院，正在做錳中毒引起的巴金森症，以及應用針灸針當蝶骨電極記錄顳葉癲癇症（Temporal

Lobe Epilepsy）的放電。我把後者稱為「中醫西用」。

老師對我的研究，極感興趣，後來還安排我去廈門大學學習中醫。我在那裡遇到宏忍師，我們可以說是同學。可惜，我沒有像宏忍師那樣對中醫繼續深造。

南老師與我「一見如故」，吃晚飯時，老師叫我坐在他旁邊（右邊）。出乎意料之外，整個吃飯期間，沉默寡言的我，竟喋喋不休地與老師熱烈交談，也令一些神情戰戰兢兢的身邊弟子，感到不可思議。

我們會「一見如故」，主要原因可能是，南老師對生命科學有興趣，也對腦科學有興趣，他一再問腦科學的最新發展，也問一些意識方面的問題。

臨走時，老師叮嚀道：「下次過香港，歡迎再來聊聊。」

幾次的交談，老師給我的啟示如下：

一、中西醫需整合。

二、對學醫和學佛的人，生命科學很重要，要好好研究。

三、靜坐是探索心靈的踏板。

大哉心乎

南老師特別重視心靈的生命科學，即所謂的認知科學。

一九九四年，老師在廈門南普陀寺舉辦禪七活動時，我們很幸運被邀請參加，讓我們體會到靜下心來的東方靜坐冥想（Meditation）的好處。這是我們第一次打禪七，終生難忘。

此後，與老師多次接觸的受教中，我記得老師談到：

一、靜坐是探索心靈的好開始。

二、靜坐的效果是意識問題，應會改變腦的運作。

三、最好找資深的禪修者做實驗。

我笑著說：「老師，我可以記錄你的腦波嗎？」老師笑而不答。

老師的灼知遠見，我在幾年後才瞭解：

例如，我的神經科老師奧斯丁（James H.Austin）教授，他的經典著作《禪與腦》（Zen and the Brain）的副題（Subtitle）是「瞭解冥想與意識」

（Toward an Understanding of Meditation and Consciousness）。所以，正如老師所說，打坐牽涉到意識問題。

另外，由大衛森（Richard Davidson）教授領導的威斯康辛大學的研究群，能在靜坐研究有所突破，主要還是因為對一些資深喇嘛做實驗的結果，這些資深喇嘛的實際打坐時數是一萬小時左右。由此可見，老師在多年前就想到對資深禪修者做實驗的好處與重要性。

關注中國傳統文化和中醫的發展

老師是當代的大師，他很關注中華傳統文化和中醫在現代的發展。

在對中醫的看法上，老師贊同英國學者李約瑟的觀點，李約瑟說：「今天很多人一想到中醫，就憑空認為只是一種土醫，是古怪而又極為落伍的東西，是毫無意義的古董。事實上，以這樣的態度來看它，完全錯了。我們應當說，它是極為偉大的文化產物。」

早在幾十年前，老師在《如何修證佛法》中說道：「我們今天學禪，要開創新方法，不能再用老法子。……科學時代要科學禪，要把心理分析得清清楚楚。今天科學愈發達，對我們學佛學道愈有幫助……。科學在進步，所以學禪要改個方法。」但在《小言黃帝內經與生命科學》裡，老師卻提醒我們：「現代人最討厭的是太迷信科學，比迷信宗教還可怕。……西方文化講衛生，我們中國講養生，是積極的。」老師還說：「醫心病最難。真的能治心病的是佛家、道家、老莊，這是中國文化最高的。……《黃帝內經》有個主要觀念，與道家講的相同，生命重要的是養生、保養，不是衛生。西方文化講的衛生，是消極的。」

不是復古 是要維護中華文化

有人批評老師在復古，古國治反駁說：「南老師是中國文化的愛好者、護持者、推廣者、實踐者，為此出錢出力，捨家捨財捨命，但非一味的復古，也並非一味的排斥西方文化。他的理想是融合東西方文化之精華，所以在臺灣創立了東西精華協會。」

太湖大學堂成立後，老師說：「真正研究，還要買最新的腦部儀器等等，還要醫生配合科學的研究。不是在這裡天天打打坐，聽這些古老的東西，而是要將古老的舊文化變成現代的，才能領導人類世界走進一個新的文化里程，這是我所理想的一條路。」（《禪與生命的認知初講》）

除此，老師還要研究宗教的生命科學，尤其是「佛法裡的生命科學」。這樣看來，老師的理想，應是任重而道遠，不但包括生命科學，還包括中華文化。

我從南老師學了些什麼

林蒼生

原臺灣統一企業總裁

就像散佈在全世界各地千千萬萬的學生那樣，我也常把「南老師」三個字掛在嘴邊，就在這麼一個不知不覺的當中，南老師影響了我的一生。

應該四十多年了吧！那時少不更事，卻很想上進，因為蕭政之先生的引介，我得以有機會會見南老師。那時，不知什麼原因，我很怕被看出沒有修行的內在空虛。南老師問我，有什麼問題嗎？為什麼要找我？那親切，在我從小嚴格的家風中是很少體會到的，我一下子動員了所有腦筋的智慧說：「不知什麼原因，我從小會在腦後，有一個很微細的高頻率像笛子聲音的音響，在心地安靜的時候就會跑出來。」這是真的，但問題好像很蠢。

沒想到，南老師二話不說，就請李淑君拿出一本厚厚的《楞嚴經》，一下子翻到第二十五圓通，從「初於聞中，入流亡所」講起，有條理，有理路，但有許多我聽不明白的地方，尤其說到「動靜二相，了然不生」，更是不敢相信，人的意識真有這麼一個可以進入的狀態嗎？說到「盡聞不住，覺所覺空」，我就茫然不知所措了。

從此之後，這觀音菩薩的入流方法，成為我常常要去摸索的領域。甚至「動靜二相，了然不生」，已變成像「唵嗎呢叭咪吽」那樣，成為我的隨身咒語了。但了然不生時，死寂一片會是什麼境界呢？那疑團始終在心頭盤旋。

我曾經這麼思考「動靜二相，了然不生」，意思是有聲音與沒有聲音完全是一體的。那麼我們如何進入這聲音與非聲音的世界不起分別呢？太難了，老子說大音希聲，在聲音的背後，仍有個更大的聲音，但太大了，反而我們聽不見。那麼，「動靜二相，了然不生」是指這個聲音與非聲音融合在一起，聽起來沒有聲音的「安靜」嗎？

那麼，我們心靈覺得安靜，是真的或是假的呢？因此，我常把聲音看做非聲音，而要把非聲音看成什麼，就找不到答案了。我在這「動靜二相，了然不生」的句下困惑至今，總是百年鑽故紙，不得其解。

雖然不得其解，我逐漸體會到，唱歌時一個音與一個音的中間，有個空白，那空白與聲音雖非混在一體，但從學科學的角度來看，我逐漸體會出，聲音與聲音之間的空白，與聲音是不同次元的，我們怎麼由聲音的次元，進入更高的次元，才是體會「動靜二相，了然不生」的門路吧！

這就好像參話頭，「話語」與「話頭」是不同次元的領域，所以如何參，如何鑽，總是不容易參出個所以然來。我們的思想是能量，思想複雜，消耗的能量就多，如只念一個佛號或咒語或將思想集中在一個參話頭上，所使用的能量就少多了。所以淨土的念佛是個很好的法門，其所消耗的能量較少，雖然較少，仍然是消耗了能量。因此，禪門古德說要「向上一路，更上層樓」，意即要由念佛的單一念頭，更進一步到「無念」，無念才是更高次元，無念才是聲音的背後，能了然不生的源頭。

當初老師的一席話，加上以後李淑君總是把老師的錄音帶寄來台南給我，所以雖然無法親臨老師許許多多的課堂珠璣，而那錄音帶的智能，是我至今仍念念不忘的恩德。總計起來，老師的錄音帶我不知聽了多少卷，總之，由沒有學問進步到好像有學問。而且也因「動靜二相，了然不生」的濡染，我由沒有修行變得好像有修行，我一生至今，沒有變壞，沒有在社會洪流或是生意場所的洪流中被淹沒而變壞，我相信老師給我的啟發是不可言喻的重要。

我的工作生涯中，剛好是臺灣由農業社會轉型進入工業社會的這一段期間，在那敦樸的社會中做生意，應酬常常是做成生意的關鍵。我因此學會了喝酒，在喝酒的文化裡要學壞很快，要學好除非有李白或李清照的才氣。我自思不及，所以我有一段時間吃素不抽煙不喝酒，學習作一個雖談不上是聖人，也應可說是生意場所的規矩人或好人。有一天，我很自豪地向老師說，我吃素不喝酒不抽煙已經六年了，對一個抽煙喝酒二十幾年的年輕人來說，這六年可真是夠偉大的了。沒有想到，老師竟然說：「蒼生啊！你的世緣深，不應吃素，也不應不喝酒。」這真是如雷一霹的回答，我愣住了。也從那時起我又開始喝酒。但喝酒的拿捏，就像聲音的「動靜二相，了然不生」的學習，我希望也能做到「醒醉二相，了然不生」的微醺境界，但真的難矣。要在「會須一飲三百杯」的豪氣中，與打坐念佛的平靜心靈間找到平衡點，似乎比參「動靜二相」更難。雖然如此，我確實沒有在生意場所的追逐中迷失，老師的談笑風生，以及談笑風生中的智慧，是我每每能拿捏得當的原因。那拿捏在於豪放與平靜的背後有一個更高的次元要去體會。無極會生出陰陽太極，無極的次元一定要比太極的次元高，因此，如果豪放是陽，平靜是陰，那麼在豪放與平靜的更上次元是什麼呢？老子說的「知白守黑」，當你知道白的豪放時，仍要守住平靜的黑，那麼重要的是那個「守」了，我因此由「守」字而逐漸體會了「當下」的重要。

老師也曾提起，西方的佛法，已開始有所突破，我們不要關在自己的東方佛法裡自鳴得意，我們要同時將西方佛法與東方佛法一起參究，才能知道如何才是佛法的世界性。我因此而更涉入 Krishnamurti、一行禪師等的當下體驗，與 New Age 的許多對生命詮釋的客觀佛法描述。也因此，更由我讀電機的有限科學知識，努力鑽研量子力學的理解。沒想到量子力學是與佛法那麼接近，我因此更相信在二十一世紀的今天，科學與佛法將有一個交會點。這是老師身邊朱文光兄講的話，他告訴我紫微斗數是科學，不只是風水裡江湖術士的學問。因為土星木星二十年交會一次，兩個星星體積合起來大到要影響地球上的大事件很容易。而二十年的三倍或九倍，六十年及一百八十年更是一個明顯的大週期，所以中國的朝代很少超過一百八十年。而且紫微斗數的八字，是四個六十年或然率的符號，四個六十年共有一千二百九十六萬年，這數字又與地軸轉一圈的時間有關。因此，八字是人生下來時宇宙在你身上充電的總磁場的代號，當然由此代號去推算，就可知道我們的命運如何在與宇宙的互動時找到其變化的規則了。朱文光是我敬佩的師兄，他很少言辭，卻是邏輯清楚的數學人、科學人及學佛的人，他能在這兩者中間找到平衡點。當然我也必須在我的生涯裡使科學與佛法有一個交會，在交會的平衡中沒有矛盾，沒有分裂，相信只有當下的覺知才做得到，而當下的覺知覺照深入進去，是不是就接近「動靜二相，了然不生」了呢？

老師由《圓覺經》、《金剛經》、《指月錄》、《宗鏡錄》、《參同契》、《大學》、《中庸》到《孟子》、《列子》……，縱橫古今，涵括十方，談起話來，笑罵自如，不管如何笑罵，都令人受用無窮，滿載而歸。那功力令人領略了一代宗師的風範。我在老師離開臺灣前的最後一次機會，參加了準提法門的禪修會。雖然老師的錄音帶我聽得很多，但因在南部，工作又忙，沒有機會參加老師平常的禪修。這一次是我第二次參加，卻又是令我終身有了依靠的扶持。從此以後，準提咒沒有斷過，忙也準提，閒也準提，清醒也準提，微醺時候也準提，竟然在安靜時候，準提咒就自然由心底升起，自己念了起來。可惜尚不知道，睡覺作夢有沒有準提。準提法唐朝就有了，也不知是密或顯，反正我這無緣入關門的人，只要有個扶持能安心立命就好了。後來有機會去了一趟青海三江源，在那裡看到松贊干布迎娶文成公主的地方，竟然是滿地遍野都是刻有六字大明咒的石頭。江水上的石頭，峭壁上的石頭，所踏之處，處處都是這叫「瑪尼石」的石頭，聽說不知有幾億個。在看到這些他們感念文成公主恩德的奉獻石，如此之多，忽然體會出準提咒與六字大明咒的影響這麼深遠，是有原因的。

那原因在觀音菩薩咒語的音律中，也在我們的心中，這心與音的連接，應該就是我們要去深入的東西吧！因為「唵嗎呢叭咪吽」，我與音連接了，我與觀音菩薩連接了，我遂與天地山水也連接了，這連接成為一體的感覺，很令人有回家的體會。在量子力學裡，意識是能量，意識與NASA所找出的黑暗能量有關，所以當我們看山河大地，山河大地是在我們的意識的粒子狀態中存在。當我們不看山河大地，意識變成波的狀態存在時，山河大地就回到其基本能量波的狀態，山河大地就不存在了。這虛無縹緲的解說，居然是科學，這使我更堅信，我們必須對我們所看到的世界，重新認識。

我們的生命是如此虛無縹緲，我們的世界真的也是如此虛無縹緲，在虛無縹緲與虛無縹緲中，我們是一體的，我們與世界與宇宙也是一體。既然都是一體的，我們又在找什麼呢？我們又在忙什麼呢？我們能從這虛無縹緲中更上層樓嗎？或許莊子的「混沌」與霍金的「大霹靂」開始時的「渾然」，都同樣地在談這一件事吧！

大約三十年前吧！老師告訴我們「未來二十一世紀是中國人的世紀」，這說法絕對沒有錯，但「中國人」三個字，你們不要以為是在講你自己，就像曾國藩法統與血統之辯，凡能接受中華文化的人，不論漢胡皆是漢人。所以，「中國人」應解釋為，未來能以「**社會主義的福利，共產主義的理想，資本主義的方法，再加上中華文化的精神，來使世界融合成一體的人**」都可說是中國人。換句話說，未來的世界，將是以這三種不同的主義，再以中華文化的精神來融合成一體的世界。

這三十年前的世界觀，真的很令我驚訝受用。在大約香港回歸時候，那時「資本主義的方法」這辭句非常流行。我問老師，連辭句都完全一樣，您是怎麼推測的，他笑一笑，只說：「筆拿來，我寫給你。」坦白說，這種心靈的宏觀推論，是南老師的「獨門」智慧。現在的地球村，已愈來愈呈現出老師的說法了。我因此更加相信，未來的地球村一定是這樣形成的，而且大家可以想像，這樣的中國人的世紀，不是已很接近「世界大同」了嗎？

我們甚至可以由這樣的觀念延伸推想，在大陸的文化大革命之後，所有中華文化的精華都已集中到臺灣來。臺灣四百年前是閩南海洋經濟圈的中心，未來在中國崛起走向世界的時候，這閩南或閩台海洋經濟圈又將成為亞洲經濟的中心，這時臺灣將又要扮演比四百年前更重要的世界性角色了。

南老師所講的，像這樣形態的中國人世紀，如果到來，臺灣這種以中華文化的精神為中心的角色，在世界的舞臺上將非常耀眼，因此我們不要妄自菲薄，在統獨之間爭論不休，我們要使中華文化在地球村形成的過程中發揮其精神中心的角色，也唯有如此才是臺灣未來的生存之道，也是南老師留給我們的很智慧性的伏筆。

老師這二十一世紀未來世界形態的推演，居然也已含藏著解決臺灣與大陸問題的方向，我相信這推演並沒有任何政治的色彩，完全是一種智慧的邏輯結論。所以臺灣在經濟富足的今天，要開始以中華文化的精神為基礎，來引導經濟的走向，使臺灣經濟的富足逐漸轉向精神文明的富足。正如《易經》裡的理念，在「小畜」的經濟富足時，必須經由「觀」卦與「豫」卦的制禮作樂，使社會在文化禮樂的薰陶中走向「大畜」的精神富足。那麼，在經濟與文化平衡發展的過程，臺灣就很可能成為柏拉圖的理想國，或《禮記》「世界大同」的實驗地了。

人生有三個階段，第一個階段為家庭打拚，第二個階段為社會國家作出貢獻，第三階段為自己的生命著想。這三個階段，由一到三是社會人才，由三到一是特殊人才，三個階段都能兼顧才是世上第一等人才。老師由儒家、道家甚至雜家並加入最重要的佛法來教導我們，期待我們能成為世上第一等人才。這第一等人才的培育，不分東方西方皆可適用。

我這幾年來一直思考，如何才是一個完美人格的形成。我因此提出身心靈的金字塔思維，一個人如能身心靈兼優，絕對不是凡人；一個公司如能身心靈兼備，絕對不會失敗；一個社會如能身心靈皆和諧發展，這個社會絕對不會混亂。身心靈是一種人類生命能量的不同形態，形態不同，能量則一。研究量子力學的人都知道，尤其在即將發現「上帝的粒子」的今

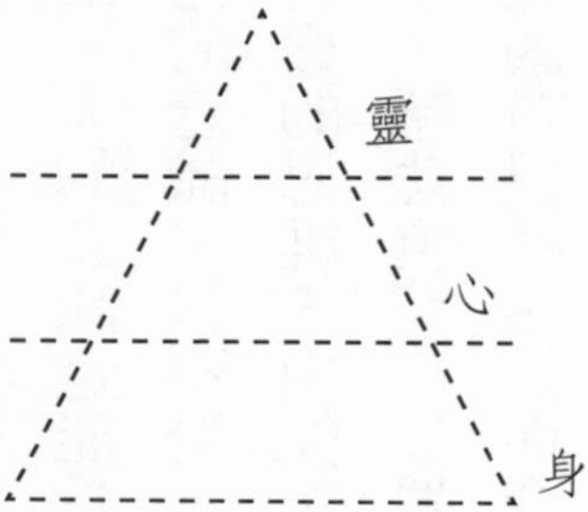

天，科學已很清楚地說明，整個山河大地，甚至宇宙都是能量的不同呈現方式。人的意識是能量，人有意識，山河大地也有意識，草木礦石更是有其自己的意識。只不過，能量有粗細大小，意識頻率有差別，如此而已。這些身心靈的思維，由能量啟發，它是科學與佛法交會的地方，正如同老師通貫百家，慈悲胸懷，以眾生為兒女，以兒女為眾生，我不知道老師如何把中華文化融會貫通，使與今日科學及生命在社會百態中做如此美妙的結合，但老師諄諄善誨，苦心婆婆，恨鐵不成鋼，而仍能在平和中對著我們談天說地，也似乎對著全世界談天說地。那胸懷是如何養成的？我常思而及此，便又要不敢怠慢念起「唵嘛呢叭咪吽」一來了。

修行是由身深入到心，由心深入到靈的過程，我們身體裡細胞的中子，生命只有九百二十七秒，能由身到心的安靜，由心的安靜進入靈的安頓的人，其新陳代謝前後的中子能量是不同的。低能量的中子出去，高能量的中子進來，人的生命品質就提高了，這過程叫修行。有人能頓悟，一下子由身到靈；有人循序漸進逐步進入心，進入靈，慢慢深入更微細境界，兩者之間沒有好壞差別。例如，一下子飛到黃山，看黃山的美，那是頓悟；但也可慢慢走向黃山，一路上瀟灑自在品玩山水，兩者之間，沒有好壞差別。重要的是「品玩」兩個字。能安靜才能自在，能自在才能品玩，而這全部過程都要經過自己的「當下」來領會。沒在當下，不可能有頓悟，悟了的人隨時都在當下，沒在當下，也不可能有品玩。當下是生命的中心點，從點而面，從面而體，而到山河大地世界宇宙，相信這才是指向「動靜二相，了然不生」的路吧！

老師似乎走了，老師其實還在。跟老師學佛，我是劣等生，我一直都在門外，但老師的身影使我知道古代孔孟也應是如此身影。我聽老師的錄音帶，我知道佛陀靈鷲山講的也應是如此音調。今天思及老師如何從我年輕時候幾句話就影響了我的一生，我知道，我們在靈的部分已有其巧妙的共鳴，如此身心靈俱備，當然老師沒有走，老師永遠與我們常在。

雖然如此，再看不到老師的身影，仍然在心中會有一個孤寂的感覺催著我精進。聽不到老師的聲音，再從錄音帶裡捕捉的親切感，也只是夢裡空花。我們能持有的只是牢牢地隨時隨地地與老師的靈互相共鳴。

共鳴是人與宇宙一體的證明，我們不是因此又被老師一棒打下？「傻瓜，這時怎麼沒有頓悟呢！哈！」

天仍然是美麗的藍，地仍然有泥土的芬芳，拈花的人走了，微笑仍存在世上傳遞著微笑的芬芳，就讓那微笑在天地之間流傳下去吧！就像惠能走了，百丈走了，虛雲走了，一代一代先賢走了那樣，我們就虔誠地接起一代一代先賢的棒子，也讓棒子傳承下去吧！

南師的教化

李慈雄
斯米克集團董事長
恒南書院創始人

登門拜師

記得三十六年前，我讀遍了當代的物理科學，發覺解決不了心中對宇宙奧妙的困惑，當讀到愛因斯坦晚年亦信宗教，就知道單靠現代科學是無法解決宇宙本體的問題的，因而到南老師的門下。記得第一次見面，是陪一位有病的高中至友來拜見老師看病，在談了那位同學的病後，老師問了我的名字及情況，對我說：「你可以學佛。」當時我對學佛沒有絲毫的概念，老師進一步又問我說：「那個能知道我在說話的是什麼？」我當時被問傻了，愣在那裡。隔了幾分鐘，我似有所悟，點點頭說，我懂了。可是老師卻說，你沒有真懂。

為了這些問題，幾個月後，我正式到老師處求教。記得那是一個週六的下午，聽我自陳來意後，老師望著我淡淡地說，我這裡是要繳學費的。我又愣在那裡，捨不得走。因為我父親是一般的公務員，照顧我們三兄妹唸書已感吃力，沒有能力再來支付額外的學費。老師抽著煙，又笑笑地說，你可以來打工頂學費啊！我聽了，趕緊問說，打什麼工呢？老師說，倒茶、洗杯子、掃廁所、掃地、抹地。當時我馬上回答，這個我可以做，我從小媽媽就是這樣教的，當然會做，也願意做。於是當天就開始工作了。

此後，每個週六下午，我和陳世志就一起到老師處打工。打掃完畢，老師會親自檢查是否到位，尤其刷馬桶，檢查是否刷洗乾淨。洗杯子，老師會在光下照，看杯口唇印是否洗乾淨。在客人面前倒茶，一開始沒經驗，老師會當眾笑我們這些所謂台大的高材生連茶也不會倒，當時真想鑽到地下，很難為情。後來出來做事，才領悟到老師的教誨，做事要認真，一絲不苟。

兩大課題

老師有教無類，上至達官貴人，下至販夫走卒。我們這些學生們就在這個環境中學習作人處事，老師也會隨時點撥我們，常說身教與言教要合一，生活與學習要合一。有很多人生的哲理與智慧，我們就無意地吸收進去了。如「器量與膽識」、「王者師之，霸者友之」、「急事緩辦，緩事急辦」、「三碗麵」。後來我創辦斯米克，在和幹部溝通時，常引用這些話，與大家共勉。

記得，老師特別提出〈寶王三昧論〉與〈百丈大智禪師叢林要則廿條〉。雖然二篇皆是出家人所作，但是也十分適用於世間的為人處世，因為它整合了儒、道、釋三家的理念，貫穿了所有的出世入世的行為標準，以及高深的作人處世做事的原則。

寶王三昧論

四明鄞江沙門妙叶集

一、念身不求無病，身無病則貪欲易生。

二、處世不求無難，世無難則驕奢必起。

三、究心不求無障，心無障則所學躐等。

四、立行不求無魔，行無魔則誓願不堅。

五、謀事不求易成，事易成則志存輕慢。

六、交情不求益吾，交益吾則虧損道義。

七、於人不求順適，人順適則心必自矜。

八、施德不求望報，德望報則意有所圖。

九、見利不求沾分，利沾分則癡心亦動。

十、被抑不求申明，抑申明則怨恨滋生。

是故聖人設化，以病苦為良藥，以患難為逍遙，以遮障為解脫，以群魔為法侶，以留難為成就，以敝交為資糧，以逆人為園林，以布德為棄屣，以疎利為富貴，以屈抑為行門，如是居礙反通，求通反礙，是以如來於障礙中得菩提道，至若鴦崛摩羅之輩，提婆達多之徒，皆來作逆，而我佛悉與記莂，化令成佛，豈非彼逆乃吾之順也，彼壞乃我之成也，而今時世俗學道之人，若不先居於礙，則障礙至時不能排遣，使法王大寶由茲而失，可不惜哉！可不惜哉！

百丈大智禪師叢林要則廿條

叢林以無事為興盛　修行以念佛為穩當
精進以持戒為第一　疾病以減食為湯藥
煩惱以忍辱為菩提　是非以不辨為解脫
留眾以老成為真情　執事以盡心為有功

語言以減少為直截　長幼以慈和為進德
學問以勤習為入門　因果以明白為無過
老死以無常為警策　佛事以精嚴為切實
待客以至誠為供養　山門以耆舊為莊嚴
凡事以預立為不勞　處眾以謙恭為有理
遇險以不亂為定力　濟物以慈悲為根本

當時老師又提出，我們這時代須向歷史交卷的有兩大課題：

一、如何整合儒釋道和科學、宗教、哲學，使人類擺脫唯心與唯物的迷惑，從而開拓出人類當走的大道。

二、如何開拓出人類新的社會及經濟發展模式，從而使人類身心能夠真正的平安健康，而不是靠貪婪、消耗、掠奪、麻痺，追求所謂的經濟發展。

多年以來，在我從事的企業中，始終牢記這二大課題，同時也是我人生的方向與目標。

就這樣，過了幾個月，老師說，下週開始研究《史記・貨殖列傳》。我當時心裡想，我到老師這邊是來探求宇宙奧妙的，不是想學做生意的，但既然老師如此說，只有好好學習了。沒想到畢業至今，一直從事企業的工作，到三十三歲創辦斯米克集團，事實上都深深地受〈貨殖列傳〉的影響，或許老師老早看出個中的因緣吧！

國學小組

一九七七年在我大三下學期時，我向老師報告要學習國學，因為我是電機系學生，對國學欠缺。我寫了一篇發起文：

「吾人為求通情、通志、通義而聚於一堂，斯乃一大盛事。語云：君子之交淡如水。吾人之聚，固不必熱絡於一時，而於平實交往中，自然可長可久，而有如飲甘露之樂也。

百年以來，國家多難。大家同是有感而奮發之輩，然立業者，道德、學問、才能缺一不為功，吾人誠宜於斯互勉互助。爰取古德〈寶王三昧論〉以為諸君立德、立功、立言之心要，苟能履踐篤行，當可立己立人，諸君勉乎哉！」

我準備找十幾個大一大二的同學一起唸國學，方式就如老師教我們一樣，每週選一個晚上，大家共同研習一篇文章，再討論交流。同時也交叉一些活動，如讀書前一起聚餐等。每一週有一輪值的主席，要準備所有的事項，他可以找人幫忙，如此也鍛鍊了大家做事的方法與合作的精神。

記得我們一開始是唸《史記》，好像第一篇也是〈貨殖列傳〉，後來唸《論語別裁》。這樣一年下來，因為大家在一起的動機很單純，只是共同學習成長，反而培養出大家真誠的感情。十年後，我出來創業，這批同學就是真正協助我共同奮鬥的人，管子有云：「知予之為取者，政之寶也」，一點不假。

第一份工作──推銷《論語別裁》

後來《論語別裁》在臺北出版了，當時老古出版社第一任社長是古國治（因他的姓而取名老古），我因為自己唸《論語別裁》得益甚多，所以我和當時師大的杜忠誥二人，不約而同地都站出來幫忙推銷。我向老師及古大哥報告我的推銷計劃，先要了二十幾部送人，老師很詫異，但聽完後，馬上同意。我是拿這二十幾部《論語別裁》送二十幾個社團負責人，他們自己唸了感覺不錯後，推薦給社員。我們用六折向老古進書，八折賣給社員，二折差價作為社團經費，他個人可以留下《論語別裁》這部書。結果幾個月下來，賣出幾千部，大家都得好處！我常自笑說，我的第一份工作是推廣《論語別裁》，恐怕最後一份工作也是推廣老師的書吧！

有一段時間，老師每週有一晚上到佛光山臺北分院講「如何修證佛法」，每次老師總是先到，那一晚，沒有預先接到停電的通知，我們以為老師會暫停一次，結果老師頭也不回地走上十樓，用蠟燭上課。老師從來不對事情馬虎，不對自己馬虎，不對別人馬虎。

美國留學及工作

在老師的鼓勵下，在父母的支持下，我於一九八〇年到美國史丹福唸總體工程經濟系統的博士。當時的動機很單純，想看看西方的社會與經濟是如何運作的，想學習西方人文與思想的根本。因為有心深入瞭解美國各方面，所以除了唸書外也到世界銀行、美國國會所屬的東西中心、美國電力研究院工作及實習。唸書期間，碰到兩位很關心並照顧我的教授，一位叫哈門教授，一位叫鄧恩教授。這兩位皆在美國經濟大蕭條期間吃過苦頭，反而對人很體諒及厚道，且看得很遠；其中哈門教授還寫信給老師，探討人類經濟發展與心靈福祉的問題。老師當時回信給他，就開宗明義地說，現代各種經濟學說皆是站在一國的經濟發展立場，沒有根本站在全人類福祉的立場，來設計全人類經濟社會發展的模式。

一九八四年史丹福畢業後，自以為對美國宏觀的經濟活動有所瞭解，想進一步深入參與一個企業的運作，於是我加入了AT&T（美國電報及電話公司），工作地點在新澤西州，後來老師於一九八五年到達美國華盛頓。老師希望我遷到附近工作，於是我一九八六年工作調到華盛頓。一九八七年，老師找我談話，希望我回中國大陸，為我們中華民族做點事。為了到中國，於是我加入波士頓諮詢公司（BCG），作為第一批亞洲業務開創小組的成員。一九八八年我代表BCG，負責一個世界銀行援助上海工業改造的專案。於是從一九八八年六月開始，我正式以上海為工作地點了。

創辦斯米克

在老師的鼓勵下，我於一九八九年離開BCG，在「六四」之後的九月，創辦了斯米克集團。斯米克是英文CIMIC的翻譯來的，全稱是China Industry Management & Investment Co.，中文叫「中國工業管理及投資公司」。後來因為太像中央的國營企業，所以取英文縮寫 CIMIC，翻譯成「斯米克」。我們全家於一九九〇年就從美國加州搬到上海。當時業務主要是與國有企業合資，業務一直發展很好，美國的摩根史坦利公司，還在一九九三年初出鉅資投資斯米克。然而老師在一九九二年底就提醒我說，靠與別人合資，一旦蜜月期過後會有問題，應走獨資靠自己的路子，才是長期之計。三個月後去香港時，老師又問我獨資搞好了沒有，並很生氣地警告說：「不搞獨資，以後會有大問題。」幸虧當時老師的堅持和愛護，否則我真不敢想像斯米克今天變成什麼樣子。一切也正如老師所預言的，和人合資，長期合作實在不容易，這是人性所使然，非人力所能為也。

老師曾對我們說，自己一輩子處事三原則：**不向現成力量靠攏，不向反對力量低頭，不向反對立場妥協**。這幾句話，對我作人處世，敲響一個警鐘，建立獨立人格，是何等的重要啊！

特殊教授法

從二〇〇二年開始，老師開始移居上海，這是我有幸能就近受教的十年，每天晚飯的談話及飯後的開示，就是最直接的受教。

二〇〇三年開始，因古道法師及本如法師閉關專修，老師為他們親自講述《達摩禪經》，並再三強調，任何人想以自己身心作為實驗的物件，解脫三界的束縛，《達摩禪經》是一本很重要的實驗法本，但一千多年來被淹沒了。第一次完整地講述「阿那般那」後，老師考問我們，「阿那般那」的兩個要點是什麼？老師先說第二個要點是「知時知量」，然後要我們回答第一個要點，我連續回答了三次，都不對，老師也不說破，要我們繼續參。後來經過一個月，在老師講其他的事時，我才忽然恍然大悟第一個要點是「觀出息」。這就是老師的教育法，要我們自參自悟，才是屬於自己的，否則還是屬於老師的，屬於書本的。

唯識與科學

老師在最近兩三年，特別強調法相唯識的重要，並說，現代人類受幾百年科學的影響，喜歡用邏輯分析，講究條理清楚。如果只講「即心即佛」和「心佛合一」、「心意識」之類的佛學用語，一般人是無法相契合的。所以老師帶我們研究《成唯識論》、《成唯識論證義》（王肯堂著）、《瑜伽師地論》，希望我們利用法相唯識，整合佛法與科學，尤其是提升生命科學的研究及應用，跳出目前全世界純唯物的生命科學觀，及狹隘膚淺的認知科學及社會科學，而能使人類認知心物一元的本體，又能利用本體的大機大用，對人類的福祉有實際的幫助。

然而法相唯識的研究，很容易令人走入名相分析的偏差，對自己的身心沒有受用，也對人類文化沒有真貢獻。所以老師再三提醒大家，要重視窺基法師的五重唯識觀：遣虛存實、捨濫留純、攝末歸本、隱劣顯勝、遣相證性。

膽識與器量

記得十幾年前我剛出來創業時，老師就送我四個字，即「膽識」及「器量」。他說：「慈雄，你出去做事，如果沒有對事情的真知灼見，不夠深入，是不可能有所建樹的。只有有真正的見解、深入，高瞻遠矚，才會有真正的膽。」所謂的膽並不是粗魯的膽，而是建立在對事情的研究及把握，對人的深刻體會及掌握。反過來，他又進一步地說：「一個人的成就，除了膽識之外，更關鍵的是取決在他的器量。」有才能的人往往因為器量不夠，而無法成大事。如何做到有器量，就要看你的造化了。這一方面需要讀書，另一方面要有師友相互不斷地切磋，當然，也有很多部分取決於先天的個性。

這十幾年來我在外面做事，時刻沒有忘記這四個字，並且也提出來與我們有志一同的朋友共勉。

王者師之　霸者友之

老師常說中國有一句管理哲學的最高原則：王者師之，霸者友之，守者臣之，亡者奴之。

什麼是王者師之？王乃王天下。當初周朝的周文王、周武王能夠王天下，周朝能有八百年的天下，就是由於當時有姜太公這樣的老師輔助。周文王對人才那樣的尊重，周武王、周公才能有長期的統治天下的事業。這在管理上的寓意就是，一個管理團隊，如果對高明的人才能夠很尊重，高層幹部之間相處也很有誠意，則這個企業、這個國家就能從無到有，乃至建立世界級、可長久的百年事業，長期興盛地發展。

什麼是霸者友之？友乃朋友。表示一個經營團隊，如果有一群人能夠彼此為朋友，彼此為夥伴，就能夠「稱霸中原」。以企業而言，往往很多成功的企業，開始創辦的時候都是因為有志同道合的夥伴。例如惠普公司就是 Hewlett 和 Packard 兩個人共同創辦的；當時康柏公司也是由五個合作夥伴共同創辦的，相互彌補各自的不足。回顧中國的歷史，漢王劉邦也是有好些智囊武將輔助，他們之間又是同事又是夥伴，如張良、蕭何、陳平、周勃都是，所以能霸天下幾十年，甚至幾百年。一個公司也是同樣如此。所以有些成功的公司，都是合作夥伴彼此珍惜，才能維持幾十年。

什麼是守者臣之？臣乃臣子，乃幹部之意。往往企業或一個國家到一定程度，領導人已經沒有雄心壯志，用的是一批唯命是從的聽話幹部。在這種情況下，企業尚可能守得住，因為不需要開創。但往往那時，企業是得不到發展的，因為這些幹部們本身都是聽話的。問題是企業不進則退，守得住嗎？

什麼是亡者奴之？這屬於一種不足論的，即滅亡的企業，用的一批幹部都是奴才型的，唯命是從，不敢講不同的意見。在此情況下，企業註定是要滅亡的。

所以，在中國古代很早之前就斷定，一個組織、一個公司、一個國家，興旺是何種形式，守成是何種形式，滅亡是何種形式，雖然是很高的原則，但事實上有它永恆不變的道理。

急事緩辦　緩事急辦

這兩句話聽起來是彼此矛盾的，但是對我們處理事情有極深的含義。

何謂「急事緩辦」？意思是，碰到事情很著急的時候，在處理的時刻要能夠靜下心來，從容辦之，而不要因為急而亂辦；病急亂投醫，結果事情沒有處理好，反而留下一大堆後遺症。我們往往看到很多人，急、急、急，急到後來反而一事無成，而且留下很多負面的問題。這就是因為在處理的時候，沒有考慮周到。所以需要修養，需要定力，平常就應培養這方面的能力。

反過來講，「緩事急辦」。往往很多事情我們覺得反正那是兩個月以後的事，半年以後的事，現在不用著急，以後再說，所以也未作好事先的準備。結果到時卻措手不及，弄得一團糟。我們日常生活中，包含我們在處理公司的事情中，常常有這種現象。就以一個最簡單的例子，明明知道兩個月以後要去出差，要訂機票，假定現在就辦，一通電話就解決所有的問題，但是假定拖到臨走之前一天才訂機票，就有可能因訂不到機票而破壞了所有的行程。

要能夠培養緩事急辦，事實上就要培養我們對事情的預見性，能夠事先做好安排，以免臨時抱佛腳，反而忙亂，卻又得不到好的結果。

決策品質與「三碗麵」

近代的中國，有一位很有成就的人士，到晚年很淒慘潦倒。他有一次跟人講，說：「我這輩子事實上就是吃多了『三碗麵』，以至於到晚年落到這個地步！」

哪「三碗麵」呢？第一，情面；第二，場面；第三，臉面。

我想，這「三碗麵」我們每天都在吃，而且是不可能不吃。但是，吃多了會拉肚子、會消化不良。天下的人很少是餓死的，大部分人是撐死的；或者是吃多了，身體出毛病，不管是心臟病、消化系統病，或延伸出來的其他毛病。

決策品質的過程之中，最難的，往往並不是對事情客觀的分析與掌握。

最難的是，在處理事情過程之中潛意識裡的這「三碗麵」，也就只有高明的人能夠自我檢查出來這個問題。當然，不吃，那就不能稱之為人。所以，關鍵是要如何吃這「三碗麵」，才能夠妥善處理一切事，達到總體戰略目標的要求。

恒南書院及最後的交待

早在二〇〇六年，我就向老師報告要在上海找地方蓋太湖大學堂上海分院，作為上海弘揚中華文化的基地。第二天，老師同意了，並說就叫「南懷瑾學院」。於是立即開始籌設，到二〇一二年春天，基本建設完成。曾三次問老師，取何名，老師皆說不急。去年秋天，等到所有的傢俱皆擺好的那天，恰是老師走的那一天。

老師走了，我們一些同學商量結果，為了對老師永恆的紀念，這個書院就定名為「恒南書院」，也是弘揚老師及古往今來諸聖賢教化的場所。

老師九十五年塵世，為中華文化的傳承，竭盡心力，努力不懈，數十載春風化雨，精神常存。

偉哉吾師！

南老師的啟發

佟克崙

原德國巴斯夫公司 BCIT 大中華區總經理
現任華夏心理網獨立董事

記得小時候常和爸爸去看電影，由於還不識字，既看不懂也聽不懂，而我清楚記得，我總是會指著螢幕上出現的人問：「他是好人還是壞人？」那時的我只關心一件事，「這人是好人還是壞人」。

現在，我像很多六十而耳順之年將到的人一樣，自己可以確定的，就是雖無耳順之年的修養，但仍以好人自居。事實上，所謂的好人，從小到大也會做許多不大不小的壞事，不斷地給別人添麻煩！自己離好人還有一大段的距離呢，只是不自知罷了。

先南師而生　幸有南師得以彰　後南師而生　幸遇南師得以明

離開學校後，就再也沒起過念頭去接觸古老的傳統文化經典了，也因為從大學到出國留學，以及在國內國外的工作，都是在化學工程的範圍。更可笑的是，在老同事袁小姐引見南老師之前，我還將她口中的這位南老師，誤認為是「男老師」呢！記得我當時是用非常嚴肅的口氣對她說：「你為什麼要住在男老師那裡？這樣好嗎？」數年後，南師偶爾還會提起我這無知又丟人的笑話。

接觸南師的典籍後，才打從心眼裡明瞭，先南師而生的古聖先賢們，若天上有知，一定會慶幸有南師的教化，他們的聖意才得以彰顯，使其萬古常新；而我們這些後南師而生的林林總總之輩，居然因聆聽南師的教導，閱讀南師的典籍，而得到了個入處。更加幸運的是，能與三五好友共同進入南師所倡「經史合參」的學習之旅。

列子　老子與內視觀想

由於特殊機緣，在國外工作時，接近了西方心理學的學術活動。有一次，見識了由一位日本教授介紹在歐洲已推廣多年的「內觀」，這「內觀」是經過西方應用心理學界認證並接受的，屬於有效心理治療方法。後來偕同一批專家同好，到德國 Dresden 榮格學院參訪內觀中心；同時也拜訪了德國 Lower Saxony 省的司法部，瞭解內觀的訓練和推廣的成效。

榮格（Carl Gustav Jung）是二十世紀西方著名的心理學家。榮格的學說屬於心理學界的主流學派，可是榮格晚年欣賞虛雲老和尚的禪七講話，他曾說，他是欣喜若狂地發現了東方文化的瑰寶（大意如此）。更有趣的是，榮格還自認是中國的「老子」轉世而來的人。

有一次，瑞士榮格學院訪問團一行到上海復旦大學訪問，榮格學院的教授在面對心理研究中心的學者時，曾出人意料地說：「內觀是你們中國人的古老學術啊！你們中國人怎麼要到西方來學習？事實上我們還應該要跟你們學習呢。」

這句話令我大吃一驚，更覺得十分慚愧，外國人都知道這是中國的古老學問，而中國人不但不自知，還要向外國人那裡學習自己的學問，好不丟人！

後來特別向南老師請教這個問題，南老師說，道家有一種修養法門，叫做「內視觀想」，是一種自省的檢視自己心理行為的方法。儒家也有類似的修養功夫，其實都是從心理上檢查自己，作為改過向善的修養手段。總之，人格的修養不外乎身和心，而「內視觀想」是偏重於心地方面的修養方法。

南老師又說，日本人喜好中華傳統文化，自然會與西方心理學結合發展，然後就聲稱是日本的學問了。就如同西方所普遍接受的禪宗，主要也是經由日本鈴木大拙所推廣的。事實上這些都是中國的學術文化，而我們自己既不珍惜，也不研究，反而是日本人努力發展。

南老師還提到，一九六九年，他應邀與臺灣一批教育文化人士到日本訪問交流，見到許多日本文化界的人士，都對中國傳統文化造詣很深，都會用中文作古詩。其中有一個木下彪先生，南師還把他的詩文，帶到臺灣在老古出版。

文化反思

南師從來沒有把自己的著作當成經典，但把古聖先賢們這些貫穿千古歷史的著述，給予了新的生命，這又恰恰給我們這些現代人，提供了好一個休歇處！很多人將南師著作當成經典，與同好一同反思個人的以往，整理了自己所獨具的生命史。老師在《列子臆說》中提到「……見出以知入，觀往以知來，此其所以先知之理也。」能內觀反思，至少可能成為自己生命的先知吧！

像我們這一代在臺灣出生的人，占盡了天時地利之便，享受了前輩們努力的成果，在經歷過經濟奇蹟和金融風暴交織的日子後，再反觀自己，對家人、朋友、社會，竟然是乏善可陳。

現在，南老師引導我們走進祖先的文化寶庫，重新認識自己，開始新的生命，感恩南師，感恩這位真正的老師。

亦师

亦友

香江十年　懷師萬千

陳定國

中華企業研究院基金會董事長
國立臺灣師範大學客座管理講座教授

罕有送行　特感珍貴

回憶去年（二〇一二年）我曾利用五月十九日及二十日（星期六及星期日），從臺北到上海大潤發大量販店總公司講課後的機會，於隔天二十一日（星期一）下午五時到廟港太湖大學堂看望南老師。當時南老師神采奕奕，心情很愉快，話鋒很健談，時光過得很快，在將近晚上九點半的時候，我們夫婦兩人向南老師告辭回上海松江的住處，南老師跟我們一再握手告別，很罕有地送我們到門口，並一再叮嚀。現在回想起來，特感最後一次告別情景的珍貴。

二〇一二年九月三十日下午七時中秋節夜晚，從臺北趕到了太湖大學堂，參加荼毗大典。當夜月圓人聚萬里無雲，一縷白煙飄向天際，讓我格外憶起十年香江歲月，追隨南師的日子。南師辭世百日，在臺北的弟子們聚集數百人，到新竹峨嵋十方禪林，整日追思，懷念南師在在的一切。

結緣書籍三十冊

比起一般人，我個人追隨南老師，並在其門下接受教誨的時間開始得很遲，大約在一九八八年南老師從美國回到香港時開始。當時孫靜源董事長來香港見我，順便帶我到香港半山麥當勞道（Mc Donald's Road）住處拜見。當晚南老師就送我一本《金粟軒紀年詩初集》當見面禮。隔了一個星期，我看完那本詩集，再去拜見南老師時，他竟然叫人從房間裡搬出三十多本他的著作，這是他吩咐臺灣「老古文化公司」特地寄來送給我的，讓我嚇了一大跳。

這三十多本書是他的嘔心著作，我到底要花多久時間才能看完及看懂呢？南老師愛護學生就是這樣全盤托出，毫無保留，和他只見第一次面，就如此看透我，料定我會再去見他，所以早就叫人從臺北帶書來等我。他真是一位山高水深、坦誠透明的「名師」、「明師」、「真人」、「賢人」、「聖人」。

香江十年　密集受教

從一九八八年在香港與南老師見面，到一九九八年的十年期間，是我從紐約到香港，替泰國卜蜂正大集團工作，進出中國大陸三百多次，投資開發一百五十多個大小事業的忙碌時候。一年之內，幾乎有一半的時間出差至中國大陸各地，及泰國曼谷卜蜂集團總部，另一半時間才留在香港正大集團總部（香港正大集團是卜蜂集團的投資事業，也是和中國大陸各地合資成立子公司的母公司）。當我人在香港上班的每天晚上，就是我密集親近南老師，聽取教誨的寶貴時間。每天晚上六點半從辦公室下班直接去南老師的見客處所，前一段時間是在香港半山麥當勞道的臨時房子（是孫靜源先生購買的），後來是在半山堅尼地道房子（是南老師後來買的）。

大約七點開始晚飯，每晚都有訪客，分坐兩桌。七點半飯罷，開始水果飲茶，並正式聽老師開講，內容廣大無邊，上至天文，下到地理，中及政治、經濟、科技、人文、哲學、佛學、道學、儒學、詩、詞、琴、棋、歌、賦、書、畫、笑話、小說、股市、房市、領袖人才、道德文章等等。有時排有正式研讀課程，照表進度，南老師主講，學生報告心得，南老師也批改文章。有時舉辦「禪七」，打坐聽經，非常嚴肅，包括美國來訪的教授團也一樣作業。這樣聚會活動每天一直到晚上九點半、十點左右，大家才告辭解散，結束一天最寶貴的活動。我們大家各自回家，南老師則回隔壁的公寓居住處。

五千四百小時的親授學生

我曾估計，當時我在香港不出差的日子，每年約有一百八十天，每天下班後到南老師的會客所（及餐廳），從晚上六點半、七點到十點，每天至少有三小時和老師在一起，得到南老師的春風化雨教誨，一年就有五百四十小時。從一九八八年到一九九八年的十年之間，就有五千四百小時和南老師密集在一起，聽他的言談、看他的風采、觀察他待人接物的慷慨與仁慈，接受他的教誨，領悟他憂國憂民的苦口婆心，及浩瀚的知識寶藏，超過修讀兩個博士學位的時間。有很多人對我說，你實在是太幸運，糊里糊塗沒有什麼中華文化修煉基礎及功德，竟然能夠在香港得到如此長時間的特殊機遇，面對面接近南老師如此長的時間，他們很羨慕。我平心靜想確是如此，我入南門時遲，竟有如此天大造化，不感激涕盡怎可？

南老師著作領我進入中華文化大浩洋

南老師送我那些寶書及後來出版的新書，我都仔細精讀，比如《論語別裁》、《老子他說》、《孟子旁通》、《原本大學微言》、《如何修證佛法》、《金剛經說甚麼》、《楞嚴大義今釋》、《靜坐修道與長生不老》、《禪海蠡測》、《莊子諵譁》、《列子臆說》等等，其中有很多書都是在高空飛機上讀的。因為我是卜蜂美國紐約公司CP（U.S.A）的總裁，從一九八七年被借調到香港正大卜蜂總部（Chai Tai-CP Group），負責對中國大陸約一百五十個大小項目的投資經營。但每三個月要回美國紐約公司視察一次，為期兩週，一年就有八次往返長途飛行。還有在香港駐紮的一半時間要去北京、上海、四川、東北及泰國曼谷等等三十多個地方，也都是長途飛行，等候的時間很長，坐飛機很無聊，正是用來精讀南老師偉大著作的好時光。這也是上天替我設計好的巧妙安排，否則在平常繁忙上班時日，很難尋得大空檔時間來靜心享受南老師的千萬字文章。

除了《金粟軒紀年詩初集》外，令我對浩瀚中華文化開悟的第一本書是《論語別裁》，當我讀第一篇〈學而篇〉第一章時，南老師對「學而時習之，不亦說乎；有朋自遠方來，不亦樂乎；人不知而不慍，不亦君子乎」的精彩解釋，我笑了，我服了，我悟了真意！

南老師把《論語》二十篇四百九十二章一萬一千多字，用他廣博的知識，別有心裁的智慧化為五十萬字，整整擴展了五十倍，令人一讀就愛不釋手，並能領悟孔夫子與弟子間言談的真正意義，可以幫助我們一般讀書人「下學」而「上達」，也開啟我決心走入浩瀚大洋的中華文化寶藏。

中國文化式的西方管理學

我以前是讀西方企業管理科學的人，也曾獲得華人第一個企管博士（美國密西根大學，一九七三年）及大學教授（臺灣大學商學研究所，一九七七年），也寫了不少企業管理、行銷管理、高階策略管理方面的暢銷教科書及很多研究報告與報刊文章。但自從讀了南老師的儒、道、釋書籍後，我的新版管理教科書中，就開始到處隱含很多中華文化的靈魂精神，令人讀來有「中國式管理學」（指具有中華文化內涵的現代西方管理學）的味道，完全是受到南老師潛移默化影響。

《論語別裁》對我的開悟

在臺北，為了紀念南老師「大道如是話南師——南師慧炬永續傳承」，十方禪林基金會自二〇一三年開始舉辦了一系列演講（每月一次），我也以「南懷瑾老師《論語別裁》對我的開悟」為題，在二〇一三年六月二十九日（週六）講了兩個多小時，聽眾坐滿了講堂，情況熱烈，我想南老師在暗中應該有給了加持，才能如此，同時也證明社會大眾對南老師的崇敬及愛戴依然持續。

《禪海蠡測》最具功夫

南老師的書每一本都很引人入勝，但其中思想文字最有功力的一本是《禪海蠡測》，這是南老師早期親筆撰寫的佛學登峰造極的作品。在佛學修養方面，我算是「小學生」程度，不敢多談內容，但是南老師在書中的白話式文言文，簡潔、洗練、精闢，是我終身想要學習的最高寫作目標。

「金溫鐵路」「兩岸接觸」「文化大道」等等皆在南社餐廳發生

在香港半山的南老師聚會所（我稱「南社餐廳」）十年（一九八八—一九九八年）裡，發生很多令人感動及值得追憶的大事，比如中國大陸改革開放早期，借外債（日債、美債）及世銀債很多，到期如何尋得財源歸還？蘇聯解體，如何搶收蘇聯科學家？大陸海協會成立要找會長，如何推薦我們理想的人選？如何讓大陸高階分子多多參觀外界政經社教建設？如何及早恢復佛教信仰及提倡儒家治國文化？如何提倡小學幼兒讀經班？等等。其中我知道比較全面的兩件事是「金溫鐵路」及「兩岸接觸」（有人稱「兩岸密使」），這些都顯現南老師把「愛鄉」、「愛國」的思想用行動實踐出來。孔老夫子在《論語》開頭的〈學而篇〉第一章「學而時習之，不亦說乎……」就第一強調「習作」與「實踐」的重要（意指：坐而說「一百」，不如起而做「一個」），何況「知識」不經過「實踐」檢驗，不會變成「智慧」，「知」與「智」之不同，就在「智」有「日日行」功夫。南老師在香江十年，處處把他愛鄉愛國的思想（知識）付諸實踐，並確有績效（金溫鐵路早已通行，兩岸密使也早變為兩岸正使），所以成為令人敬佩的「真智慧」者。

南社餐廳「廳長」兼「定國公」

我在香港南老師的「人民公社」（簡稱「南社」）餐廳裡當「長期食客」十年，又因每晚長坐在南老師固定的右手邊，有如右護法，故被南老師稱為南社餐廳「廳長」，另外他再封給我一個「定國公」的爵位。我聽了很惶恐，南老師說這是他「以前」封給我的！後來汪道涵先生在我的卜蜂集團老闆謝中民先生及謝國民先生兄弟面前，也頻頻叫我「定國公」，讓我老闆大吃一驚，因汪道涵先生曾是上海老市長，江澤民先生的老領導，也是卜蜂正大集團在上海幾個大投資案（如上海大江公司、上海易初摩托車公司、上海萬國實業公司）的批准人，更是中國大陸海協會的會長。如此一位道德及地位很崇高的人叫我「定國公」，怎不令我的老闆驚奇及另眼相看呢？其實這也是南老師有意無意給我的賞賜，到如今，大陸的舊識老友也叫我「定國公」，叫我如何不懷念老師呢？

「奉派」代表洽談眾多案件

我在香港的時候，雖然白天是泰國華僑正大卜蜂集團的總裁室主任（類似參謀長），及集團資深執行副總裁（SEVP），每天上班八小時。該集團是第一個回應中國改革開放（Reform and Open-Door）政策進入中國大陸投資的大集團公司，其深圳的公司（深圳正大康地有限公司）批號就是0001號。但是我也是南老師香港半山「南氏人民公社」的「餐廳廳長」，因此我也常常「奉派」出差。例如到北京大學洽談成立「中國文化發展基金會」（後因故停止進行）及談判北大方正開創方案；到清華大學洽談清華同方開創方案。也到上海金沙代表南老師和汪道涵共同主持上海聯盈塑膠製品公司開業典禮。上海聯盈是由香港盈亞公司和上海化工研究院共同投資51：49的包裝薄膜製造公司，由上海化工院院長當董事長，南老師當副董事長，但由我代理幾年。也到溫州市政府代表南老師向數百位官員及企業界人士講課三天，作為金溫鐵路開辦前的準備。也代表南老師和浙江省柴松岳副省長（主管工業）所率領來港的「金溫鐵路合資談判代表團」，在兩個星期內落實「合資合同」一條文內容。在香港正大集團我的辦公室邊談判條文內容邊打字，白天談判修正打字，晚上回「南社餐廳」吃飯再談談判原則。「合資合同」最後由浙江省計委副主任楊國章工程總指揮及香港李素美盈亞總經理簽字，由柴松岳副省長及南老師見證簽字，上報北京國務院批准。我也曾是代表南老師到浙江縉雲市（地級市）參加金溫鐵路開幕動工爆破典禮的香港團員之一，在當場用特別架設的國際電話向香港駐守的南老師（他是金溫鐵路開發公司的董事長及總經理），報告現場滿山滿谷居民，打鼓敲鑼、踩高蹺、扭秧歌的熱烈歡慶的場面。我感動得流下眼淚而說不出話來，因為百年規劃的兩百五十公里金溫鐵路，能在南老師手上動工完成，怎不令浙西二千萬人民歡慶鼓舞。

被「派」去清華大學演講試試理念

一九九七年六月三十日，香港正式由英國佔領管轄回歸中國大陸，北京清華大學黨委副書記數次來香港見南老師，希望南老師到清華大學「投資」設立類似中國文化推展中心大樓之方案。南老師在和他們討論之後，就指派我先到清華大學去演說一場，看看理念合不合適。果然在當年12月，清華大學經管學院正式邀請我去北京演講「企業有效經營之道」（三小時）。那場演講地點在清大經管學院新大樓的大國際會議中心，該中心曾是我向他們建議，而邀得香港有名企業家捐贈建立的新管理大樓，是階梯式座位。那天下午二時開始，人已坐滿，大概超過千人以上，人太多不適宜中途休息、離散再聚合，所以我開講前就先聲明中途不休息，要去洗手間的人可以自由離席，有問題的人可以自由舉手發言。於是我就站著開講，滔滔不絕，心無罣礙，毫無顧忌，大約講了三個多小時，快到五點半時結束，我發現中途沒有人離開，也沒有人舉手提出問題發言，心感相安無事。

「愛國心切」救了「直言不諱」

晚上六點半學校領導幹部請吃飯，由副校長代表（因校長國外出差未返）。那位黨委副書記很客氣地感謝我的「精彩」講話，他對我長達三個多小時的「企業有效經營之道」提出四個評語給我，讓我聽得起先高興繼而心驚膽顫，最後大石放下。他的四個結論是：（一）廣徵博引（指我引用古今中外例子）；（二）深入淺出（指理論深入舉例淺顯易懂）；（三）直言不諱（指批評中國現狀，毫不客氣，觸到痛處）；（四）愛國心切（指我「愛之深，責之切」，我的批評雖多，但沒有惡意，過關）。這場一九九七年的清華大學演講是由南老師推薦我去的，假使因我順口發揮，沒有警戒，造成負面事件，就大大對不起南老師原先的好意了！最後無事過關，好幸運。

直播三天演講　在吉林差一點出問題

那時也讓我回憶起十年前（一九八九年左右）在吉林省政府南湖賓館三天的相同演講情況，那時中國大陸的開放程度比一九九七年低，官員思想保守程度遠甚於今日。我在吉林省大講堂（可容二千多人），連續講「企業有效經營之道」三天，六個上下午，一共十八小時。我們那時去吉林省考察，我負責主講，我的正大卜蜂老闆們負責參觀吉林省政府所管轄事業，包括農牧業及生產紅旗牌汽車的中國第一汽車廠。到最後我的演講六場結束，回南湖賓館的途中，那位司機師傅開口稱讚我三天來的演講，讓我嚇了一大跳，問他怎麼知道我講得好不好呢？他說三天來他專門接送我，在等我的休息時間，都在車上聽收音機廣播，專聽我演講的現場直播（我不知道直播這件事），所以我講什麼他都知道。我一聽之下，暗叫「糟糕了！」我在三天講課裡，連帶舉例批評「無效」經營的地方不知道有多少？我可能觸犯了「禁忌」，譬如「反資本主義自由化」、「真正」為人民服務之類的話，也不知如何是好？當時中國大陸正在標榜「三機」（縫紉機、收音機、腳踏車），都還不到「三大件」（電冰箱、電視機、洗衣機）的程度。

「多言數窮，不如守中」的南師教訓

在香港南老師常提醒我，「多言數窮，不如守中」（《老子》第五章）、「言多必失，禍從口出」等等。果然，演講一個月之後從吉林省方面傳來消息，說有人聽我演講中有批評中國時政，提出書面報告對我不滿。好在此「報告」送到省委書記，被當時的省委書記批駁一番，略說「陳博士」所批評的當時缺點都是「正確」的，應該「改進」的，陳博士講的比共產黨還共產黨（指又「紅」又「專」），我們（指吉林省）應該更改革開放，怎可閉塞思想，故步自封呢？並把那個人叫來數落一頓，再把報告退回去。事實上，那次正大集團到吉林省去訪問，就是吉林省委書記及省長邀請的。我的三天演講算是「重頭戲」，若出了思想問題，不僅我以後進不了中國大陸，連邀請我們去的吉林省長官們都有責任。好在，省委書記有擔當，把報告壓下來，沒有轉到中央。

想到這兩件事，我都會再回想南老師對我的深切教誨，因在香港南師「人民公社」裡，最常及最敢開口打斷南師講話的人就是我。別人都是「乖乖牌」靜聽南老師一人獨講，不敢中途冒犯打斷南師講話，開口問問題，我算是「最不馴服」的一匹野兔子（我是兔年生的）。

太湖學堂餐廳廳長依然懸缺

我在一九九八年離開卜蜂正大集團的工作，回臺北就任金華信銀證券公司董事長及淡江大學管理學院院長及教授新職務，就很少去香港。不久，南老師也正式進入中國大陸到上海長發花園大樓的新址，開辦他的新「南氏人民公社」，比起香港，地方雖小，人氣依然旺盛。我每次去上海出差時，也是每晚一小時以上車程到長發的南老師住所，重溫香港十年情景的美好時刻，直至晚上十時才再乘車回松江，每日如此往返，樂而不疲。

後來，南老師終於到太湖邊，在江蘇省吳江市七都廟港三百多畝的地方，興建「太湖大學堂」，氣派宏大，作為推展中華文化的發揚中心。即使如此，我每次到上海，也都會約好日子，下午乘車走快速公路約一小時多，到廟港去探望南老師，直到晚上十時才離開，回上海都已深夜十一、二時了！直到去年（二〇一二年）五月二十一日最後一次。

我曾問南老師，自從我離開香港回臺灣後，南社「餐廳廳長」的職位有沒有新人就任。南老師聽了大笑說：「這個位置一直空懸著，還沒有找到繼任者」。南老師還特別告訴我，這塊大學堂地離太湖岸一百公尺，是當年伍子胥（伍員）接母親來住，並找孫武來寫《孫子兵法》的地方，是一塊歷史寶地。

香江十年　懷師萬千

在香港十年的歲月裡，我從南老師處學到很多中國傳統故事及笑話，都是不可遺忘的中華文化，譬如：

為什麼「人」真正當「人」的歲月只有二十年，而其他的時間都是當「馬」、「牛」、「狗」、「猴子」呢？

為什麼所有動物都有固定的發情期及交配次數，而「人」這個動物卻「隨便」都可以呢？

為什麼南老師的記憶力（出口成章不忘掉）和武功修練那樣好，而我們都是這樣差呢？

為什麼人人都認為自己是南老師的學生，而南老師卻一再對人說他「沒有學生」呢？

為什麼某些人對外宣稱是他們供養南老師，而我們和南老師都認為南老師在供養我們，尤其「南氏人民公社」餐廳，每晚兩桌客人都靠南老師吃飯呢？

為什麼南老師常常把他捐獻給慈善單位的收據寫上弟子們的姓名寄給我們呢？

為什麼南老師的兒子們都和我們一樣叫南老師為「南老師」而不是「爸爸」呢？

為什麼兩岸高官學者們都很喜歡路過香港探望南老師呢？

為什麼有數不清的南老師著作讀者渴望朝聖般拜見南老師而不可得呢？

還有太多太多值得回憶的類似題材了。

臺灣的「成人讀經班」——「名著選讀勵進會」

我回到臺灣以後，曾經做了三件與南老師教誨有關的事，第一件事是在「中華企業經理協進會」（已經成立五十週年，一九六三年成立，我擔任過第九任理事長，一九九九－二〇〇四年），成立「名著選讀勵進會」，每月最後一個星期六早上九時至十二時，聚集經理人研讀老古文化公司出版的南老師經典名著；從一九九九年到現在已有十四年之久，一百六十多場，是呼應南老師在大陸「希望小學」推廣「幼兒讀經班」的臺灣版「成人讀經班」，效果很好。

第二件事是替南老師找回失聯多年與朱文光博士（早期南老師的跟隨愛徒）同時期的陳芳男師兄。陳芳男能到廟港重見南老師於太湖大學堂，感動得不得了，南老師也高興得很。

第三件事是帶領一位年輕聰明伍姓大學生去見南老師，伍同學曾在無意中讀了一本南老師的書，就對他父母說這位寫書的南老先生在等著見他，一定要見南老師。他父母是企業界名人，也曾拜託了南師在臺灣企業界名人弟子介紹，都不得要領。後來向我的一位老學生黃董事長提及，黃董轉知我此事後，我再請示南老師是否可接見這個年輕人。經南師答允後，這位伍同學終於在他母親（任職公司總經理）陪同下，從臺灣到上海和我一同到太湖大學堂拜見南老師。南老師說伍同學是萬中不得其一的「歧路人」，很少見，在言談中稍稍責備他的父母，為事業忙碌而未能親自貼身照護，讓他自幼習慣於孤獨，幸好本質優良沒有變壞。伍同學在一旁靜聽並領悟南老師的開導後，瞭解父母親的苦心，自己也好像找到人生的真門路，心情開闊起來。返台後，開始研讀南老師其他的著作，也到父母親的公司工作。南老師指引一個年輕人走上了一條光明路。

南師墨寶與「留餘」詩

南老師很會欣賞文字書畫，他很喜歡「一花一世界，一葉一如來」的荷葉墨畫，他也常掛左宗棠、曾國藩的詩，也掛洪秀全的「倚劍雪花落，揮戈日影回」及孫文的「滿堂花醉三千客，一劍霜寒四十州」。他喜歡寫「書為天下英雄膽，善為人間富貴根」、「支撐天地都名士，排蕩風雲仗讀書」、「黃金有價書無價，時勢遷流我不流」。

南老師的字很有風格，我常常模仿他的字畫，譬如他寫的曹操〈短歌行〉，字跡豪放漂亮。所以我在香港時，就曾要求南老師教我們寫字的方法。果然南老師給我們「寫字要訣」八點：

豎要直，橫要平　撇如刀削，鉤掛釘
捺有力，趯要挺　點如瓜子像流星
還有上下要平整　左右整齊一條繩
大字縮緊小字放　配合平均要小心

我看南老師常常在不得已情況下，應朋友的要求寫一些題字之類的墨寶勉勵別人，所以我也就壯膽開口請求南老師也寫一些勉勵的字給我作紀念。南老師聽後不置可否，我也就不敢再提起。過了一些時日，有一天南老師在南社餐廳裡，看到我就從他的公事包裡拿出一幅毛筆字給我，我看了喜出望外，感恩萬千，珍藏起來，拿到國畫圖裱店裱起來，現在放在我的臥房，出入都可看到。南老師寫給我的是：

十有九輸天下事　百無一可意中人

不遂意事常八九　可與人言無二三

乙亥夏日與陳定國博士談次戲書以自嘲　南懷瑾

最難忘的，也是最貼近的南老師墨寶，是二〇一一年十月我們到太湖大學堂去拜望南老師的時候，看南老師應「留餘園」書寫序時寫的字：

辛卯初冬

一生猶欠詩書債　萬事終須留有餘

九四頑童　南懷瑾

「留餘園」是河南康百萬家族四百多年存留下來的巨大家族園地，是中國三大莊園中最大者（其他兩處為四川劉文彩莊園及山東牟二黑莊園），其後人把有「留餘」匾的莊園獻作社會公益地，並把四百多年來康百萬家族「富而好德」的事蹟寫成傳記，叫「留餘園」，請南老師過目，並賜序言。南老師感佩康百萬家族超過「十世其昌」的「四留餘」功德（指：「巧」留有餘，以還造化；「祿」留有餘，以還朝廷；「財」留有餘，以還百姓；「福」留有餘，以還子孫），是《易經》六十四卦中「謙卦」（第十五卦）、「乾卦」（第一卦）、「坤卦」（第二卦）的共同作用，值得學習及推廣，所以當下寫了他自已的一句感言。當時，南老師已經九十四歲，身體靈活，神清氣爽，用筆如龍飛鳳舞般寫下他的感言，當作「留餘園」書的序。

南老師雖然離我們而去，但他的精神及教誨歷歷在目，這篇〈香江十年，懷師萬千〉的點滴尚多遺珠，將來有機會將把它們一一寫出來。在臺北，南老師的弟子門生們（雖然南老師說他沒有夠資格的「學生」），會傳承他的宏願，以開拓「中華文化」之「大道」為使命（南師曾說過他修「金溫鐵路」只是「小道」一條而已）。

南老師，我們很懷念您！

難忘太湖一杯茶

袁明

北京大學國際關係學院教授　國際關係研究所所長
全國政協外事委員會委員

一九九〇年秋天，我陪同時任北京大學校長的吳樹青教授去泰國參加環太平洋大學校長會議，歸程途經香港。吳校長說，要去拜訪一位老人家。這位老人家就是南懷瑾先生。

二〇一二年秋天，我隨全國政協外事委員會一個調研團在黑龍江，消息傳來，南老師已經離開。

二十二年，往事歷歷。雖有日記記錄，但如今要寫成一篇文字，取哪些？

捨什麼？欄杆拍遍，思緒萬千。

一九九一年七月二十日，南老師在香港寓所中對我說：「我們這一代人，生於憂患，死於憂患。」那一次的長談有個背景，就是我在一九九一年六月，在北京組織了一個國際會議：「面向二十一世紀的挑戰，中國國際關係學科的發展」。在中央電視臺工作的陳荻芳先生幫我做成了一個錄影帶，記錄了會議的全過程。我七月赴港，給南老師放了這段錄影。當時在場的有李素美、李傳洪姐弟，有尹衍樑先生等等。在上個世紀九〇年代初，海峽兩岸的人能在一起談世界大局的地方，不是很多，不過南老師的香港寓所是一個例外。那裡不僅可以談，而且可以談得海闊天空。當天我的日記中還有南老師的一段話：「中國這個民族，是不侵略人的，但是也是會打仗的。韓戰（朝鮮戰爭）時，以當時中國的武器打，是不簡單的，中國人如不是韓戰，誰會看得起？」

南老師要我「讀萬卷書、行萬里路、交萬個友」。他也講國際關係，不過他的講解，和中國以及歐美大學課堂裡的講授很不一樣。二〇〇七年秋天我要去中東，臨行前去太湖大學堂看望他。到的第二天下午，宏忍師帶我去他私室，又是近兩個小時的長談。他說從歷史上看，這個世界的人文景觀是很有意思的。西方的基督生，這邊的王莽起，中國的隋末，阿拉伯世界的穆罕默德起。中國古人，觀察宇宙、天象，自成一套。我聽著覺得十分有趣，笑問他何以這般評點古今中外。他嘆息說，年輕時心大，寫過「大君治國論」，專論以西藏為中心，向東西南北傳播中國文化。自去年以來，我讀過一些紀念南老師的文章，有一篇文章談及南老師的「心量」，我印象很深。這個「心量」的各個向度，實在深沉，非常人能測。當然「大君治國論」，也非常人能寫。九〇年代以來，許多人聽過南老師對中國未來的預言：「中國好運兩百年」，聞之者多喜。我倒是覺得，與其把南老師的話當成一種判定，不如體會他的言後之心局。他對世界大局的基本看法，其實在上個世紀的七〇年代便有斷語，詳細表述於《新舊的一代》一書之中。世界萬物萬事，都在不斷變化，此消彼長。中國的「國運」，放到「世運」當中去看，也許更能使人深省。

劉雨虹老師在二〇一二年出版的《廿一世紀初的前言後語》一書的〈出

版說明〉中指出：「南懷瑾先生常謂：立國之本是文化。中華民族經歷千年萬載，文化源遠流長，在新世紀到來之初，正值世界瞬息萬變之際，炎黃子孫何去何從？」

我理解的世運，其實就是人類的命運。普通人想到自己一生的起起落落，感嘆人生無常多變，其實古今中外無數人的生命歷程，才是真正的大人生。此中的道理，中國的古人早已了然於胸。二〇一〇年夏天，我在一首短詩「讓精神的天空灑滿繁星」裡，引用了唐人張若虛〈春江花月夜〉中的兩句：「江畔何人初見月，江月何年初照人？」隔日，何迪去太湖大學堂，給老師唸了我的詩。南老師給我打來電話說他非常喜歡，尤其是〈春江花月夜〉中這兩句。人生哲理，說到窮盡處，古今相同。人類的存在本身，其實就是一個最大的宇宙和歷史之謎。南老師不斷地向人們發問：「到底生命是什麼？」他一次次把這個根本問題放到大家面前。他多次講，古代的哲學，其實很發達，中外都是如此。基因是什麼？蛋白質怎麼來的？人的生命怎麼來的？人的思想本身就是問題，人怎麼會有思想？思想本身靠不靠得住？我認識南老師二十二年，多次聽他提及這些根本問題。他點及世界上現在一些物質很發達的國家，「其實很天真」。我體會他說的「天真」，是這些國家沒有經歷太多世事和人生的起起伏伏，只講一些很表淺的東西，又靠霸權行事，不能解決人類的根本問題。

人類文明發展到今天，在物質進步、技術力量飛快發展的新時代，文明之間的關係出現了前所未有的新形態。南老師對國際上的這個新局看得很通透，他是真正地從世界看中國。在《廿一世紀初的前言後語》一書中，他寫道：「明朝中葉，在『正德』、『嘉靖』、『隆慶』、『萬曆』這四個年號的一百年間，正是西元的十六世紀階段，歐洲文藝復興運動開始，由此而改變了西洋文明，而使人類歷史漸次進入世界性全球化。」

文明之間的關係出現了新的形態，問題在於，各種文明本身，尤其是經歷過長時段歷史滄桑的文明本身，其內在的精魂、生命力、自我修復力，是個什麼狀況？其外化的張力、影響力、化育力，又是個什麼樣貌？

一切都是古老主題的現代演繹。

南老師把演繹做到了一個很特殊的境界，他講儒釋道、講修為、講作人，他非常善於把「小我」轉成「大我」，把個人修養連到家國命運。這種思考與引導，大概正是中國文化的精魂與生命力的體現。

這是當代中國人需要認真思考的大問題。我的許多次現場感受是，南老師在觸碰這些大問題時，絕不說空話，他用的是「心」和「情」。參加過二〇〇九年九月在太湖大學堂禪修的同學都一定記得，他在講到中國文化斷層時，一時泣不成聲，全場被他震撼，一片肅靜。這種「心」和「情」，大概也是中國文化的精魂和生命力的體現。

二〇一二年春，我到太湖大學堂參加了為南老師慶祝生日的一個活動。幾十位小朋友書聲朗朗，歌聲朗朗，大學堂內，生機盎然。六月，我應邀去給太湖實驗小學校的家長們講一次我對世界格局和中國文化的課。我先把講課的詳細提綱「經濟全球化與文化失重」送呈南老師，他看後即讓馬宏達先生轉告我：「趕快發表。」二十八日我去太湖正式演講，南老師先在主樓內看現場轉播，後來親自來到現場，坐在後排我目力不及之處，一直到我講完才手持拐杖上臺來，鼓勵有嘉。晚飯後分別時，南師說了一句讓我終生難忘的話：「你要常來，我明年要走了。」一位始終以自我的生命來實踐生命的智者，把一種生命現象，說得十分淡定。

三個月後，老師真的離開。

近一年來，我從無數懷念文字中，感受到老師的精神力量，又一次體會到中國文化的精魂和生命力。這才是生命真正的延續。

南老師常說：「立國之本是文化。」他又講過一段極其深刻的話：「過去中國三千年的教育，政府幾乎沒有花過錢，民間卻培養出那麼多人才，做了很多事業，所以這個國家至今還屹立在世界上，永遠是個文化大國。」

去年秋天我有一挽聯，拜託馬宏達先生代獻。今年春天，北大哲學系李四龍教授告訴我，他有一位博士研究生，專門研究南懷瑾，我將挽聯抄給他看，囑咐暫不公開。今日成文，特附於後。

一世紀垂範 施帳西方 化雨神州 細談人生三教諦

廿二年相隨 叩鐘香港 鼓琴上海 難忘太湖一杯茶

相識南懷瑾先生

強文義

哈爾濱工業大學教授

一九九一年十月，由國防科工委主任丁衡高、副主任聶力和臺灣潤泰集團董事長尹衍樑先生，在北京組建了光華科技基金會。由尹先生出資，主要獎勵為國防事業建設作出突出貢獻的科技工作者。理事會由南懷瑾先生任理事長，聶力、賈亦斌、尹衍樑等任副理事長，高等學校參加理事會的有清華大學張孝文校長、東南大學韋鈺校長、國防科大陳啟智校長和哈工大副校長強文義，國防科工委王壽雲任祕書長。理事會組織很嚴謹，下設評獎委員會，每年評選一次國防科研戰線的優秀項目和先進人物。

一九九一年度首屆評選，哈工大有三十二人獲獎，占獎勵總數近一半，而且劉永坦教授獲特等獎，韋永德、穆英、吳廣玉獲一等獎。在十月召開的理事會和獎勵大會上，我代表獲獎數量最多的單位在大會發言，感謝基金會對我校科技人員的厚愛，並請尹先生代向南理事長致敬，還向南理事長贈送了由我校研製的仿金材料製作的天壇大佛像。

在這次理事會上，我認識了副理事長賈亦斌先生，他是南先生的好友，時任民革中央副主席，據說曾和蔣經國先生合作共事過，為人特別謙和熱情。

一九九一年十二月，第二屆國際製造技術會議在香港召開。會議主要由蔣震集團資助，我校參加會議的人數較多，除楊士勤校長參加蔣氏集團理事會外，其他教師和我住在一起，我們通過校友朱育誠，借住在新華社香港分社在跑馬地的宿舍。參會人員有蔡鶴皋、王仲仁、劉慶和、董申等。這次在港除參加學術會議，參觀蔣氏集團工廠，以及和蔣震先生、蔣麗莉經理商談合作事宜外，我首次拜訪了南懷瑾先生。

由於賈亦斌先生事先知道我要赴港開會，因此在我們未到香港前，賈老就事先電告了南先生說我有意到港後去拜訪他。因此在我們抵港後剛住下，還未參加會議時，南先生已通過新華社香港分社打聽到我們住處，並相約我們去他住處相見。

十六日晚六時，我和蔡鶴皋、王仲仁趕赴港島堅尼地道他的會客處，南先生熱情地接待了我們。他給我們的第一感覺「非一般常人」，面目清秀慈祥，十分和藹可親，因而肅然起敬。那晚我們在他的「人民公社」共進晚餐，談了很多，真是一見如故，恨相見太晚。席間我們談了對國內外形勢和許多問題的看法。南先生說你們學校能培養出孫運璿先生、王兆國先生這樣的人才，這次光華科技獎一次評上你們這麼多人，你們學校是不簡單的學校。

在談話中我們瞭解到他對兩岸關係的觀點是：（一）弘揚中華文化；（二）促進兩岸文化交流和統一；（三）引水歸源（希望台資企業到大陸投資）。我們特別談到了對蘇技術引進事宜，南先生對此特別關切，說要抓緊時間，加大力度，現在許多國家都在設法引進蘇聯的技術和人才，現在還有二—三年好時機。

當我談到哈工大和蘇聯有悠久的合作歷史，哈工大教師俄語好，這些年人員交流往來密切，引進了不少高新技術，南先生特別高興，希望我們一定要抓緊時機，加大引進力度。當我說到去年我們自籌經費五十多萬元，有二百多人次和蘇聯互訪交流。南先生說還要加強，並說你們去年花費的五十萬元經費我負責補給你們，你們回校後馬上告知帳號，我給你們匯去，一定要組織更多教師引進蘇聯的新技術，聘請蘇聯的優秀人才，以後引進的費用我可幫你們籌措，但時間要抓緊，現在美國、新加坡，連臺灣都在打蘇聯的主意。

這次赴港和南老師相見，雖然時間只有幾個小時，但給我留下很深印象，建立了深厚的感情，雖然那時彼此瞭解並不太多，但他的遠見卓識，寬厚真誠待人，巨大的吸引力令我終身難忘。同去的蔡鶴皋、王仲仁都說南先生是一個「高人」，一席相見，受益匪淺。臨別時我贈送給他一幅由他的書頁照片和詩詞組成的精心刻製的銅版畫，他也贈給我們一批他寫的書籍，再三囑咐我們辦事要抓緊。在旁一些來訪的人亦很驚訝，南先生初次見面，就答應支援我們五十萬元去開展對蘇技術交流。內地很多學校領導來訪，希望得到南老師經濟支持，南老師都很鄭重並進行了多次考察後才確定。

回校後，我把此事向楊校長作了彙報，大家意見一致，非常感謝南老師的支持，表示一定要很好應用這一管道，把對蘇技術和人才引進工作做好。我又找了校外事處長趙敏，告訴她南老師支持我校對蘇交流經費之事，希望她很好運作，她亦很高興。後來她提出，最近對蘇交流，對方提出要支付美元，能否和南老師商量提供美元。於是我又和南老師聯繫，南老師很爽快答應改為提供八萬美元資助，希望我很快提供銀行帳號，並在此之前，發來一封熱情洋溢的信，內容如下：

哈爾濱工業大學

校長強文義先生勛鑒

一九九二年一月十三日發來的傳真收閱。

去年十二月下旬，先生等在港晤面，言及國際現勢及蘇聯情況，當即建議　貴校應迅速行動，爭取引進蘇聯技術和聘請蘇聯專家事，有關欠缺經費，已面言支持人民幣伍拾萬元。

時不可再，機不可失。如仍困守成規，先在計劃書及　貴我雙方如何簽約作業，行見一切皆成過去，所謂箭過西天，尚在刻舟求劍，則毫無意義，了無價值可言矣。

我們國人，數十年來習慣，人與人間失去信任心理，一切徒事口號及徒托空言文字，深為可嘆。

我們今既當面決定此事，須知我言出如山，義無反悔。而且此等事全仗臨機應變，難有定規。故一切以信任　貴校，信任你強校長文義的人格才能。望統照原議，迅速實行。

並即告知極為穩妥如何匯撥款項辦法，當即匯去。

至於　貴校辦事使用項目，一切均照會計條例習慣，實報實銷。俾我方藉以靜觀後效。使資今後當否參考也。

事急時難，匆此即覆，並祝春釐。

一九九二年元月十五日
南懷瑾

但是正當我積極和南老師協商，並申請中國銀行外匯帳號時，突然一天書記和校長找我談話，讓我放棄接受南老師經費支持事，說南先生的經費和臺灣方面有關係。我告訴他們，國內很多高校，北大、清華、上海交大、東南大學等都和南老師有密切聯繫，得到過南老師的支持。北大吳樹清、張孝文、上交大翁史烈、東南大學韋鈺等，經常去南老師處，聶力和南老師更有深的交往，南老師的支持是沒有問題的。但他們堅持，並說此事是省裡安全廳的意見。我當時真是想不通，很多學校爭都爭不上，南老師看重我們，我們自己還出了問題。我極力不同意他們的看法，但他們態度十分堅決。

這時南老師已多次催促，讓我將銀行帳號電告。但我這邊組織就是不同意，我真是兩頭為難，我只得向南老師推說經常出差，無時間去辦理帳號，一直拖著。在此困難時期，我去京找了航天部劉紀原部長告知了此事，他即讓部保衛部長幫我瞭解和處理此事。我又去找了時任國台辦主任的王兆國同志，作為校友他特別熱情接待了我。當他知道是南先生支持經費，開展對蘇技術交流事，他特別高興。他說南先生是最愛國人士，是我們和臺灣當局政界和企業界聯繫的橋樑，為國家和兩岸合作交流做了很多好事，他當即給安全部賈春旺部長辦公室打了電話，不巧人不在未接通；接著又給安全部金鷹副部長打了電話。由於兆國的過問，問題才得到解決。其中我還和兆國談起，南老師支持浙江建設金溫鐵路事，外經貿部對南老師出資籌建亦有疑慮，兆國亦即打電話給經貿部，讓他們支持南老師對金溫鐵路的投資。

但時間已拖了幾個月，中間南老師對我每次推說出差，沒把銀行帳號辦下來已有所察覺，特委派金溫鐵路籌建處的李景山先生來哈。李景山原來在牡丹江市外事辦工作，以後調到浙江外事部門工作，再以後在南老師主持的金溫鐵路籌建處工作。他來哈後並未先來找我，而是去了省外辦和安全廳作了瞭解，最後才和我見面，因此他已掌握了我遲遲未建帳號的原因，亦已將有關情況向南老師作了稟報。因此南老師特別生氣，認為黑龍江省和哈工大的事不好搞，連他的一片誠意都產生懷疑。但此時我已將問題得到解決，中國銀行的帳號亦已建立，並已電告了南老師。南老師還是忍氣吞聲地把八萬美元匯到了帳號，但他亦表示，以後再也不過問哈工大的事了。我對此亦感到特別內疚。在以後南老師通過尹衍樑先生，又在國內設立了光華教育基金，用來每年獎勵國內高校優秀學生，但列入獎勵學校的名單已有二十多所時，其中還沒有哈工大。

一九九三年秋，航天工業部將香港康力集團收購，並改制為香港航天科技集團，在深圳市銀湖賓館召開了成立大會，劉紀原部長在會上聘任我為香港航天科技集團顧問，希望我每年能經常去香港諮詢，並為我辦理了香港暫住居民證。因此我可以自由出入香港，亦有機會再去看望南老師。在我再次去南老師住處看望他時，他告訴我誤會已經過去，有些事不能責怪你，但時機已喪失。他告訴我，我們那次交談後，他考慮了很多，希望我能把對蘇技術和人才引進工作做大。他說前些時臺灣一個代表團去蘇聯考察，看到他們經濟很困難，給了他們很多錢。南老師知道後對他們說，以後不要隨便給錢，把錢給我攢著，我有用。他說他準備給我籌集五百萬美元，用來引進蘇聯的技術和人才；如果要引進重大裝備，還可以為你們籌措。現在就像談戀愛失戀後，再也沒有那個熱情和勁頭了。我說那時我也曾想，除了對蘇技術引進外，還想請您支援我經費在威海辦學。南老師說，哈工大的事情，我是不想再過問了，如果你將來退休後想辦個私立學校，我會全力支持你。

在以後幾年中，我因經常去深圳和香港辦學和辦事，有機會經常去拜訪南老師，我經常把對蘇交流中取得的成就，學校發展中取得的成績，以及我在威海和深圳辦學情況向他稟告。他對我每次去看他都十分高興，並熱情款待。

我很喜歡讀他寫的書，他亦經常送我一些他的新作，有時我亦去書店購買一些他出版的書籍，介紹、贈送別人，我每次出差帶的書，亦主要是南老師的著作，其中《歷史上的智謀》（即《歷史的經驗》）是我反覆閱讀的課本。

一九九八年我從領導崗位上退下來後，去港的機會少了，主要從事科研和研究生的培養工作，我把全身心都傾注於此，力爭為國家多做些貢獻。但心裡還是十分掛念南老師，過年過節通過電話進行問候並寄此賀卡。

二〇〇〇年十月，我託人給南老師送去了「文房四寶」和一信，信中稟告了我的近況，並對老師以前在對蘇技術引進上給我校支持表示感謝，對我們在處理此事上的失誤表示歉意。對此南老師回了一信，內容如下：

強文義校長：

二〇〇〇年十月二十日來信及文房四寶等禮品均已收到謹此謝謝！

對你辦學等等工作的努力成果，極為欽佩。至於來函談到當年給哈工大經費，輸進蘇聯科技學術等乙事，老實講，貴校處理手續等極有問題，素來覺得是一件非常疚心的事，實在不願再提，這是我們多年來的隱痛教訓。因為你再提起此事，所以順便補充一句，不足道也。

即祝

時好！

二〇〇〇年十月二十三日　南懷瑾

以後我知道南老師致力於在江蘇吳江市廟港建設太湖大學堂，亦很想為之做點事，但力不從心。記得一次南老師處來電詢問，東北的房屋建築如何才能保暖，我瞭解後告訴他們要牆厚，雙層窗，屋頂加保溫材料。有一次又問我，和蘇州地方政府打交道有沒有熟悉關係。我因長期遠離故鄉，對社會接觸很少，未能提供什麼幫助。二〇〇四年南老師在上海，剛好我去上海交大出差，和他相約在徐家匯他的辦公室拜見了南老師，並共進了晚餐。看到了老友李素美等，亦相識了馬宏達等新友，看到南老師身體還是那樣健康，談笑還是那樣風趣，很是快慰。南老師告訴我，太湖大學堂建設遇到的困難比想像的還多，耗費了他畢生精力，但他還是決心把它辦好。臨別時送給我一些書籍，和由他主持的一套《去大後方》紀錄片的錄影帶。

二〇〇八年我出差去宜興，事畢我向工廠要求，派了一輛車和王濤、王若維同志一起前往吳江市七都鎮廟港，看望我常思念的太湖大學堂。由於馬宏達先生的手機電話已換號碼，因此多次聯繫未通，只得盲闖去了廟港。到達大學堂後，門衛開始不讓進，並告知南老師和馬宏達先生均已外出，幸好在門口爭執時，見到了在港時相識的謝先生。他讓我們驅車到客堂，通報後出來迎接我們的是宏忍師，一見大家都很高興，她告訴我，她一直在這裡負責籌建工作，責怪我來時事先未聯繫，並告知以後的聯繫方式。雖然南老師不在校，她還是非常熱情認真地領我們參觀了所有場所（包括講學堂、圖書室、練功房、辦公室、宿舍和食堂），介紹了學校講學情況。我為南老師籌建的太湖大學堂的精美、寧靜、高雅震撼，也想像到為此他付出的艱辛。我想以後有機會再來看望南老師。

回校後，我收到了南老師處寄來的新著《南懷瑾講演錄》，春節又收到他寄來的賀年卡，我從心底裡深深惦念這位我十分敬仰的老師。

二〇〇八年秋，我託侄兒強蕾給太湖大學堂送去一些家鄉特產「陽山水蜜桃」和「陽山大麥餅」。南老師很高興，將它分給了正在學校學習的小朋友分享，並給我發來一封便函：

致謝

強文義校長：承蒙豐贈名產水蜜桃等食品，正好暑期有小朋友等學生百餘人，即以尊意分發結緣。今代大家再三致謝。此致

二〇〇八年七月二十日下午　南懷瑾

二〇一一年新年，我給南老師寄去了賀年片，我在賀年片上寫了「天各一方常思念，常閱聖書修身心」以表對南老師掛念，並祝他健康長壽。不久我收到他的新作《孟子與公孫丑》。

這些年來，我雖已很久沒有見到南老師了，但從太湖大學堂的網站上，能經常看到他的資訊，知道他經常給各界人士講學；知道他主持的太湖大學堂，聲譽和影響日益擴大；知道他身體非常健康，我亦十分欣慰。我衷心地祝願，畢生致力於弘揚中華文化的巨匠，眾生尊敬的南老師健康長壽！

後記

二〇一二年五月二十四日我將撰寫的〈相識南懷瑾先生〉一文，郵寄給南老師參閱，並附一信和一張我和六位航天員合影的照片，信中我寫道：

南老師：

久未相見，甚念。

最近我在寫一些自己經歷事情的回顧，其中寫了〈相識南懷瑾先生〉一文。作為對南老師的懷念和感激。由於時間較長，辦公地點幾移，大量文件、信函丟失，因此許多處可能不當，僅供參閱，以作紀念。

哈工大　強文義　二〇一二年五月二十四日

南老師收到信件和文章後，由於眼睛老花，請馬宏達先生等讀給他聽，並高興地請馬宏達先生代筆，於五月三十一日給我發來一信。信函內容如下。

強文義校長：

今天接到你這位老朋友的來信，我今年九十五歲了，眼睛老花，所以請他們讀給我。我聽了你的文章非常高興，你講的都是老實話，我聽後感慨萬千，真是一切如夢如幻。

我現在老了，可是內外事務還是很忙。歡迎你有空來玩，來時提前跟馬宏達聯絡。寄贈一套《列子臆說》存念。

耑此，即頌

時安

南懷瑾（馬宏達代筆）

二〇一二年五月三十一日

我於六月八日接到南老師寄來的信和親筆簽名的書，同時馬宏達先生還將我寄去的文章原稿寄回，對文中的幾處有誤之處給予指正。我即於六月八日上午十一時五十分給馬先生發去了短信。

馬宏達先生：南老師的來信和寄來的書已收到，十分高興，謝謝南老師，衷心祝願南老師健康長壽。十分感謝你對文稿的指正。《歷史的經驗》上、下冊，復旦大學出版社一九九〇年合一出版時更名為《歷史上的智謀》。　強文義

馬先生收到我的短信後，於六月八日上午十一時五十七分即回電。謝謝您！該書流行的名字是《歷史的經驗》，後來用的還是這個。

祝好！

七月中旬我的家鄉無錫陽山，正是水蜜桃盛產期，我託我的侄兒強蕾給太湖大學堂通過快遞發去五箱水蜜桃，供大家分享。收到後，馬先生即於七月二十四日下午三時二十分來電。

強校長好！收到五盒水蜜桃，給大家分享，非常感謝！請問上次有沒有寄給您《廿一世紀初的前言後語》上、下冊？馬宏達

由於當時我出差在外，不知書是否已寄到校，於七月二十四日下午四時一分匆匆回了一電。

馬先生：來電收悉，祝您工作順利！祝南老師健康長壽！強文義

八月初，我出差返哈，收到了馬先生寄來的，由南老師親筆簽名的《廿一世紀初的前言後語》上、下冊書，當即於八月十日下午三時二十三分，給馬先生去電致謝。

馬先生：我因一直出差在外，今才返校，書已收到，謝謝。向南老師問候好，祝南老師健康長壽！強文義

八月十日下午三時三十一分，馬先生回電。

謝謝！您保重！

在以後的日子裡，我通讀了南老師新作《廿一世紀初的前言後語》。南老師的每一堂講演都引古涉今，意義深遠，回味無窮。

遺憾的是，這段時間，我並不知道南老師已病重，未能前去太湖大學堂看望南老師。

在中秋、國慶節日來臨之際，我十分懷念南老師，於九月二十九日下午三時二十一分給他發去節日賀電。

值此中秋、國慶佳節來臨之際，祝馬先生節日快樂安康。並請代向南老師問候節日好！祝南老師節日快樂，健康長壽！

馬先生於九月二十九日下午三時二十七分接電後即回電。

感謝！節日吉祥！

九月三十日，下午上網看到鳳凰網上公佈「南懷瑾先生已於九月二十九日十六時在太湖大學堂與世長逝」。十分震驚，隨即於九月三十日下午三時十七分給馬先生發去一電。

馬先生：驚聞南老師與世長逝，萬分悲痛。特電致哀，並向家屬致慰問。「一代宗師駕鶴去，無量國粹留人間」。強文義

馬先生當即於九月三十日下午三時二十七分回電。

叩謝！

十月一日上午七時十六分，我請馬先生代轉唁電。

馬先生轉「南懷瑾先生治喪委員會」請代敬獻花圈、挽聯：「沉痛悼念南懷瑾先生千古」，「一代宗師駕鶴去，無量國髓潤人間」。

後生哈爾濱工業大學強文義叩拜

在此我將前電「國粹」改「國髓」，把「留」改「潤」，因為南老師留下的精神、著作和教誨，不僅是「國粹」而且是「國之精髓」，將永久滋潤人間。

馬先生於十月一日上午十時五十四分即回電。

敬悉！叩謝！

十月二日上午九時二十八分，馬先生又來電。

知會：金粟閣網站特別欄目「懷師」公告網頁已上線，可留言、留文章、留輓聯、唁電。謝謝。

十月二日上午，我上金粟閣網站「懷師」欄目，敬獻留言：「沉痛悼念南懷瑾先生千古」，「一代宗師駕鶴去，無量國髓潤人間」。後生強文義。考慮到〈相識南懷瑾先生〉一文涉及的一些內容暫不宜公世，未在留文章欄目中刊登。

十一月二十三日我在京出差，我想事畢後去太湖大學堂，瞻仰南老師遺容。我給馬宏達先生去了電話。他告知我他不在廟港，在老家休假。並告訴我宏忍師電話，讓我直接和她聯繫。於是二十三日我給宏忍師一電。

宏忍師：我準備二十五日或二十六日去太湖大學堂瞻仰老師遺容，以了心願。去時再和您聯繫。

二十四日宏忍師給我來電，告知她二十六日要去港辦事，希望我二十五日能前往，或等馬先生回廟港後再去。

於是我在十一月二十五日即乘機由京抵滬，並驅車直奔太湖大學堂。宏忍師接待了我。我在大學堂講演廳南老師遺像前敬獻了鮮花，屈膝叩拜了我敬仰的老師。我深情地說：「南老師，我來看望您了，我來晚了！但您永遠活在我的心中。」臨別，宏忍師又將南老師的近作《孟子與離婁》贈我，留念。

老師與父親

楊麟　口述

記得是一九五五年，我父親（按：楊管北先生）作為理事長，代表「中華民國全國航聯」參加世界船東大會的時候，在柏林酒店前的馬路上倒了下來。酒店門房請酒店裡一位叫阿格的醫生來看，他是希特勒的心臟病醫生，他判斷我父親是心臟病，立刻送到柏林醫院治療。父親出院後，又在鄉下休養了幾個月，到了深秋季節，我們把父親接到了紐約。

因為我妹妹講中文、燒中國菜比我太太方便，父親就住到妹妹家裡，離我家只隔一條街。父親住了三、四個月，沒有中文書看，還是沈家楨他們送了些（佛）經來，他看了以後，有很多問題要瞭解。

到了一九五五年底、一九五六年初時，他回到了臺北，以後開始正式打坐，也開始找德高望重、瞭解佛經的人。這以前，我父親應該是認識南老師的，但並沒有什麼來往。前天，我打電話給毛妹瞭解情況，毛妹是我的繼妹，老師教過她書。

照毛妹的講法，促成我父親與南老師接近的，是葉曼的先生田寶岱，因為他和我父親很熟。所以後來，老師在我們家小圈圈裡講課，葉曼也都來聽。那時候，老師的溫州國語比現在的口音還重，我父親大概只能聽懂一部分，聽不懂的可能需要找葉曼幫忙解釋。到了夏天，老師講課之外，同時兼帶教毛妹和我表弟的太太唸中國歷史。

從此，父親與老師每天來往，關係密切。我父親的中文底子非常深厚，他在家裡私塾唸書，老師鮑四先生是清朝的進士。鮑四先生的弟弟七先生是秀才，他是鎮江人，曾用鎮江話教了我三年中文，現在我一定要用鎮江話才背得出古書，唸《金剛經》也是用鎮江話，所以老師總笑我。

我一九六〇年從美國第一次回臺灣時，父親就叫我聽老師講課，好像一個禮拜兩次。一開始，聽老師講課的都是家裡人，到我一九六三年再回臺北去的時候，那已經是高朋滿座了，都是大人物，家裡人輪不到上桌。因為我聽不懂老師的口音，講什麼更不懂，我是有機會就溜，反正人多，缺我一個人根本沒人曉得。

但我那時候看老師，覺得他是個奇人，很奇怪。老師有道骨仙風，每個人看到他都是「老師、老師」，我看他也不老；每個人看到他都講「啊，學問好！學問好！」我心裡想，學問好和我沒關係，他也認為我是「外國人」，他有多少道我也不清楚，我頭腦裡根本沒有打坐練功這件事。但我父親相信他，我就相信他，就這麼簡單。

那些聽課的人都對老師非常尊敬，沒有人認為老師是江湖術士。我父親這麼尊敬老師，他們也沒有認為我父親受騙、迷掉了。

我父親平時住在山上的房子裡，中午到城裡的公寓，老師有空的話也過去公寓。直到臺北連雲街房子租下來，給老師做辦公室及課室，老師才真正穩定下來。這個地方是由善導寺方丈悟一法師安排租的，說起善導寺，本來是軍方駐守的，我父親動腦筋，軍方才把這個地方放了出來。從大陸退下來的人，有錢的大多去了香港，沒錢的到臺灣。而老師又因為生意失敗，什麼都沒有了，自顧不暇，連生活都成問題。老師講，我父親當時每個月都會資助他生活費，但父親沒跟我提過。

大概六十年代時期，過年時，我父親會帶一批朋友，由老師領隊，到香港的大嶼山去閉關，一段時間不出來。

那時候，我父親並不是信佛教，他打坐唸經，同時也看很多道家的書，唸很多孔孟儒家的書，我們家裡傳統規矩很嚴，是孔夫子的一套。我父親一九〇五年出生，比老師大十三歲，但他有問題就和老師商量，和老師談。他們的關係真是君子之交，不是別的什麼，就是研究學問。老實講，我父親跟老師是有緣，父親假如不是因為心臟病，他也不會看佛經，也不會跟老師學佛修行。

多年交往，父親和老師成為好朋友，一九六四年和一九七四年，父親

六十、七十壽誕時，老師還作詩送給他：

甲辰午月楊管北居士六十誕辰書勗

由來名壽喜相俱　履漸時須認故吾
從此已明大智度　而今當重德充符
端居求缺方知聖　致曲能全要學愚
舉世昏沉難獨樂　華嚴行願是機樞

百年得失眼前浮　榮辱何如酒一甌
忠孝捫心無愧怍　兒孫繞膝好悠遊
爐香貼妥靈山靜　經卷翻尋泗上猷
午日偏中初甲子　德雲峰頂豁雙眸

甲寅五月，管北居士七十壽辰，自署室名曰：二樂齋，相交廿載，總其生平以贈：

少年負氣鬥名場　朝市山林仗義忙
曾友朱家師子貢　不輕原憲薄弘羊
盛衰遍閱榮枯色　甘苦深知進退方
不二門中餘一樂　問心無愧對空王

老師對我父親，真是沒的說。一九七七年三月一日，我父親早晨進臺北榮總檢查身體，當天晚上心臟病復發，一直到八月一日去世。那時候，老師在閉關，是李淑君天天代老師去看望我父親，因為我有公司要管，不能從早到晚陪著。三月一日到六月一日期間，我父親還是清醒的，躺在床上沒事做，就想，想了很多問題出來問老師。那個時候他想的問題，我都猜得到，是人生人死的問題。我很感謝很感謝老師，因為老師跟他談很多，所以父親在昏迷不醒以前，從來沒有覺得煩躁不安，他都很定。

但是有一件事，我一直不知道怎麼講。父親過世後，有一天作七放焰口，我磕頭的時候，老師在旁邊笑起來了。我說老師怎麼笑起來？他說：「你爸爸在看你啊，他也在。」我說哎呀你怎麼不告訴我，我應該跟他打個招呼嘛。老師說，他看你磕頭他在笑，所以我也笑。我說老師，是真的還是假的啊？（大笑）

在這之前，老師講經也好，和父親談也好，好像都是父親的事，而且談的東西十萬八千里，像天上的事情，跟我沒有關係，所以沒有什麼特別感情。但父親生病和去世之後，我對老師的感情增加很多，並不是說我需要什麼精神安慰，而是很感謝老師。

老實說，拿孔孟之道去瞭解佛經，如果沒有老師指點的話，我父親是進不去的。父親打坐功夫到什麼程度，我不曉得。但是如果沒有老師，我父親晚年的精神沒法安排。真的！父親一生志向大得不得了，氣派又大，世面看得多，想得東西又多，但生了心臟病，什麼也做不了。這個是真的很苦很苦，我到現在才瞭解他的想法。因為有老師，他的心情穩了下來；因為有老師，我父親走得很安心、很安靜，我真的很感謝很感謝老師。

後來到了一九八八年我第一次回大陸，我決定做一個寶塔，把家族的先人在鎮江、臺北的靈骨都遷到上海。為了這事，我到香港請教老師好多次。我說我從臺北、鎮江遷墳能不能遷？能的話怎麼個遷法？火化後搬到寶塔裡，有沒有一套規矩？

老師贊成我把家裡先人的骨灰集中在上海，因為我們和孩子們在上海的機會很多，所以造這個寶塔，老師給了很多意見，還送我舍利子。寶塔很漂亮，我造好了以後，回到香港給老師磕頭，謝謝他。

因為遷墓的關係，我總是去香港請教老師，結果，看老師看出癮來了，我只要去香港，都去看老師。老師就有這個魅力，但是什麼魅力我也講不出來。我是什麼都不信的，人家問我有信教麼？我說有，我是「肚皮教」，要吃，不吃不行。老師也不是漂亮，也不是會講話，但他就有這個魅力，你跟他「黏上了」，就「洗不掉」，時不時想去看看他，這個很奇怪。

我聽不懂他講什麼，但我也想去聽聽；老師不講經的時候，我就和老師聊天，聽老師講故事，只要你講出名字來，他都可以講出故事。老師真是博聞強記，譬如有一次，我去廈門，看到鄭成功的祠堂，有康熙寫的對聯，我說哎呀，康熙厲害，句子寫得好！老師馬上就背出來了，我嚇一跳。這可不是唐詩三百首啊，是人家祠堂裡的對聯。

我想，因為老師的學問深厚，所以記得這些，否則不可能記得。

老師是怎麼樣的人？我相信，每一個人看老師都不一樣，就好像每個人看觀世音都不同。聽老師講話你會著迷，而且這個著迷不一定是當場，可能是一年以後，忽然想到。我現在想到老師聊天所講的話，一大堆啊，從前我記都不記，現在常常會想起來，而且他就這麼無意地講來，你當時聽了覺得沒什麼，過兩日想，哎，有道理！是不是對我有好處我不知道，但是我覺得他給我很多鼓勵，使我有很多不同的想法。以前不這樣想的，現在會這樣想，也許我年紀大了，應該是有所改變。

我說老師幫我很多忙，就是改變這個想法。你當時不覺得，回去幾個月你想不完的，可以想到明年還在想，真的！他這個真厲害。老師的魅力就在這個地方，你一開始不覺得，但是後來情願被他吸引。

二〇一〇年的時候，老師打個電話給我說，楊麟啊，我把你的油庫賣掉了。啊？賣給誰啊？他說賣給某某。我說多少錢啊？他講，那你去談啊。（大笑）

老師是要我退隱江湖，不是老師逼，我不會賣的。但是現在看來，幸好賣掉了。同時，我一直做的扶貧基金，也是老師讓我退，我就全部放了。如果不賣掉、放掉的話，我現在怎麼能夠坐在這裡談笑風生啊？

原來我想，全部都放掉，那我幹嘛？老師一定是想辦法要我打坐，這個問題大了，凳子上都坐不住，盤腿更不行了。但在老師去世前的最後那些日子，我心裡說，老師，你留下來，留下來的話，我就打坐。

可以這樣講，假如今天我有疑難雜症、有問題的話，在父親跟老師之間，我會去問老師。如果問我父親，他會把我罵一頓，「不能這樣做……」，而且我自己覺得，我跟父親有很多想法不一樣。

去問老師，老師會跟你講。

但問題是，老師跟你講的，要你自己去想。

老師就是一部經

——寫在南懷瑾老師辭世一週年

吳研雷

上海富世投資諮詢有限公司董事長
美國執業律師

接到來電約稿，希望我為南老師辭世週年紀念文集寫一篇文章。接電話後，老實講，我心裡誠惶誠恐。我是一個闖蕩江湖的讀書人，從城市到農村，從國內到國外，幾十年來虛度了無數光陰，只是在世紀交匯的時候，通過偶然的機會，有幸認識了老師，從此心中有了一個指路的老人。

我不是一個吃齋念佛的人，也不是一個研讀經典的人，在老師面前，我只是一個偶爾有幸給老師聊聊人生經歷，談談外部世界的變化，評論國內變革進程的普通律師。而老師對我的觀察、對我的關愛、對我的指點，卻真正給了我總結自已幾十年顛沛流離人生的機會。從認識老師開始，屈指算來也快十年了。十年光陰轉瞬流過，即使跟著看了一些老師的文章，參加了一些老師主持的聚會，細想起來，無修行心得可談，無善德善行可吹，怎可在此刻說老師的事？我覺得自已只不過是運氣好，能有機會在老師在世的最後幾年中，時常有幸拜謁他老人家，親耳聆聽老師的教誨，親眼觀察老師作人做事的方式，從中汲取精神力量和鞭策，以此警戒自已做事作人。

所以我本不想將自已的一點點心得在大眾面前獻醜。回過頭來又一想，自老師辭世後，我雖有數月閉門不出，但外面的風言風語此起彼伏，不時傳到耳中，心中鬱悶不已。在萬籟寂靜的時刻，每每想到老師的音容笑貌，體悟老師對人生百態的深邃觀察，又看到老師辭世後，圍繞老師身後諸多俗事的林林總總的萬象百態，亦覺得倘若老師在世，也會啞然失笑，搖頭嘆息。

終於體會到老師生前多次反覆說的他本人「一無所長、一無是處」確實是見識深遠，免了多少人間是非，讓後人莫把老師的話語當成敲門磚，作為成就一已私利的幌子。所以，既然有這個機會，不妨也說說我如何看老師，說說老師對我的教益，也好讓老師在天之靈再給我判個評語。

「你總算沒有忘記中華民族的老祖宗」

我一九八五年去美國學習法律，之後留在美國首都華盛頓律師事務所工作了很多年。我回國後在上海認識了老師，老師不止一次對我說，「啊呀，假如當初我在美國的時候就認識你的話，你恐怕不是今天這個樣子了！」我體會老師說這些話的意思，就是說，倘若當初老師住在美國華盛頓近郊期間，那時我能夠得到老師的教誨，我個人的成長軌跡恐怕不會是今天這個樣子。也許，我能早點領悟老師在他書中和演講中所說的道理，給自己作人多一點指導。

老師家的飯桌前，常常聚匯了來自五湖四海的英雄豪傑，其中不乏在國內升官發財的人物，也有不少到過海外，或者是從國內到香港擔任大公司領導的央企首領。在飯桌上，大家常常對各種政治、經濟、文藝、文學、哲學等等各種話題展開激烈的討論，交流各自的看法。往往到這個時候，老師總會把雙手在桌面上一按，戲謔地說，「本委員現在開始開會，請某某委員發言。」很多時候，我老覺得老師的雙眼在盯著我看，希望我能夠發表一些意見。

對於從海外留學歸來的人來說，似乎最大的毛病就是對國內現存的問題說三道四。我也並不例外。但是我畢竟是從上山下鄉的草根中成長起來的，有過對中國農村社會的基本瞭解。因此，在批評當前中國現狀的時候，我常常並不認同社會上某些名流對西方社會所有一切，抱著全盤接受的說法，包括其政治制度和市場價值理念。一九八七年老師就曾預言，中華民族會有兩百年的盛世。但老師在說出了這個預言之後，常常對其有他獨特的註解。老師常說，中華民族這個民族很獨特，經過了這麼多的磨難，還是有它自己行進的道路。你們這些人現在有錢了，出國了，吃飯喝酒也不像過去那樣需要憑票證了，吃飽了飯在這裡罵政府，不過是發洩發洩而已。

每次我去美國回來看望老師，老師總是催促我多講講美國發生的事情。每次有些國內的名流人物，開始在老師的飯桌上滔滔不絕地講起他們心目中的西方民主政治時論的時候，老師總是要把我推到前台，讓我對此介紹一點實際的情況。我曾經在給老師的報告中提到過，雖然我對國內目前的政策和政治制度有著自己的看法，但是我絕對不能認同中國的土地上可以照搬西方的民主代議制。那些對國內政黨和政治體制橫加評論的人，實際上既沒有在美國生活過多久，更沒有直接的機會觀察和瞭解為什麼美國會有這樣一個制度，這些人沒有從宗教、文化以及立國時的背景，去考察為什麼中國不宜推行美國的民主政治制度。但是社會上似乎把談論普世價值作為一個主流思想觀念來推行，似乎不搞這一套就不是真正的改革。但是反對此種論說的學者，同樣沒有建立起一個堅實的辯論基礎，似乎是繼續按照一種僵化的教條來進行辯駁。

老師有一次在飯桌上就直截了當地說過，你們今天批評中國這個，明天批評中國那個，實際上你批評的還是西方的東西，哪些是中國的東西啊？馬克思不是西方人嗎？孫中山搞的不是西方的東西嗎？中國為什麼會有這些問題？自辛亥革命以來，甚至於從太平天國洪秀全的時候，西方的思想就開始影響中國了，真正的危機是我們中國人不知道中國自己有什麼好東西！老師的這些話，真正點明了目前學術界、思想界存在的尷尬局面。

說實話，真正要完全推進美國式民主制度的人物，其實並不具備治理中國這個極為複雜局面的本領。況且，美國的民主代議制度到今天不過實施了二、三百年，中間還經歷了廢除黑奴制度、婦女爭取投票權利、反對種族歧視等等激烈的政治動盪，甚至有過大規模的流血戰爭。對於中國的政治制度而言，國內被一種約定俗成的正統社會變革論所束縛，不敢真正用現代政治學理論，去系統研究中國兩千多年來的政治制度演化的歷史。從一個簡單的歷史事實來看，中國兩千多年的帝制，除了換皇帝之外，這個制度沒有根本改變，而且自辛亥革命之後，歷屆政府的管理上，依然傳承了中華帝制制度中的相當合理的管理方法。老師說，我們老祖宗有很多治理國家的好方法，只不過我們沒有真正地去研究而已。這個問題老師好多年前就點穿了，但是迄今還是無人能夠下功夫去展開研究。

我的一位兄長催我好幾年，要我根據在美國生活的實際瞭解，把對美國民主制度的情況作一介紹。老師也同意要我把自己的觀察和見解寫出來。經過幾個月的時間，我從中國文化本身的傳統以及美國政治的文化、政治、新聞背景的比較中，寫了一篇關於美國民主政治的文章。後來文章完成之後，老師聽了，就中國傳統文化中闡述不完整、不嚴謹的地方，專門讓宏達兄加以修訂。最後成文之後，老師開心得不得了，親自為我定了筆名，還敦促好幾位學長去看。聽到一些最初良好的反響之後，老師在一次飯後對我講，「你總算沒有忘記中華民族的老祖宗」。

不敢妄稱老師的弟子

老師是一位有教無類、誨人不倦的導師。據我所知，老師對前來拜訪的人，對身邊的工作人員，都是不計出身，不看其表面衣著，一律給予同樣的關心和指點。但是有一點，老師教人的時候，往往點到為止，以考驗和觀察你個人的悟性和修煉的決心。倘若你是到老師那裡去拿一塊金字招牌，或者是借著與老師接觸的機會到外面炫耀，提高自己的地位，那你肯定會受到老師的譴責。他也不和你翻臉，就是拿高帽子捧殺你，用古人的詩句點撥你。

老師是一位通古博今的大家。我們從來不應該把老師定位在某一個領域、某一種學說的大師。最初我與朋友聊起老師的名字的時候，很多人都說：「那不是一位佛學大師嗎？」太多的人以為老師講學，只是在弘揚佛法。但是以我的體會，老師所做的、所想的、所願的，遠遠超出了單純的弘揚佛法的範疇。老師的心裡只有傳承中華文明、保護中華文化的核心價值。他認為，中國文化有了這些，才得以歷經多重磨難沒有滅亡。老師除了傾心於傳播他對佛經佛典的解說之外，就中國傳統文化中的諸子百家，包括孔孟的儒家，都有極為獨到的理解和研究。他講道家的東西不太多，他說學《易經》是「玩玩的」，因為他說你什麼都知道了，活著就沒有意思了。說實在的，老師的潛臺辭就是，求道家的人太多只是求其術，而非求其道；倘若心術不正，道家的很多方法學會了，只能用來蠱惑人心，沽名釣譽。他無數次對向他求教佛經的人說，你不懂中國的文字，怎麼能讀懂佛經裡的意思。

從來沒有這樣一位老人，能夠對古今中外這麼多的理論學說，保持著如此旺盛的興趣和愛好。老師在飯後茶餘愛聽段子，有人在外面說老師是學佛之人，怎麼可以聽那些段子？而老師自己卻說，真正的中國文學就在那些段子裡啊！我的解讀就是，其實外面那些官樣文章，有幾篇是真正反映中國文化功底，反映社會真實面貌的？

有一年春節，也就是老師剛搬到廟港不久，我照例去老師處拜年。有位老師身邊的工作人員，經常照老師的指示辦理老師的事。那天他喝了不少酒，他對我講了一番肺腑之言。他說，剛開始追隨老師的時候，心裡總是不服氣，時常動點小腦筋，但是後來所有的事情發展的結果都證明老師的話是對的。為什麼這樣呢？用佛家的話來講，老師時時都在「空」中，任何新事物、任何麻煩、任何難題，因為沒有固定的約束和羈絆在作怪，因而能見微而知著，防患於未然，凸顯老師的遠見卓識。所以在老師面前是犟不得的，是不能耍小聰明的。老師心中都明白，不過給你面子，不點穿而已。對於這些，我深有同感。而且進一步說，老師閱人無數，還沒有一人能夠真正成為他的學生。從這一點來講，老師是帶著遺憾走的。

為什麼說無人能夠成為老師的學生？也許某個人在某個特定的題目中，在某些特殊的事件中，做了一些好事、善事，那就一定會受到老師的表揚，老師會為此十分高興。但是，無論何人，都沒有老師那麼崇高的意境，那麼空靈的心態，那麼儒雅的行為，那麼瀟灑的舉止，那麼慈祥的愛意。

二〇〇六年十月九日，我向老師遞交了我的一份學習心得報告。老師在我的報告上親筆批示：「誠則靈，言之有物，很好的一篇報告。倘進一步，應非現今境界矣。」老師後來把我的報告和松濤兄的報告同時拿出來唸給大家聽，作為他春節開講生命科學課程的引子。

我在報告中有這麼一段話：「多次親聆老師的教誨，除了我本人得益之外，實在讓我心裡想到另外一個問題，那就是，要作一個夠格的弟子實在很難。老師飯後茶餘所講的故事，嬉笑怒罵之間的道理，書中都有，為什麼很多人還在老師面前重複同樣的問題，以愚昧充高深？老師慈悲，誨人不倦，這麼多號稱的讀書人，為什麼不去冷靜下來多多體會、多多反省、多多實踐，以進步和醒悟來報答老師的慈悲心，反而仍然重複同樣錯誤？老師在言談舉止之中，嬉笑怒罵之間，引經典警句，摘詩賦詞章，借古喻今，教訓棒喝，我們聽懂了多少？回去以後又領悟了多少？思想過後，又有多少付諸實踐？很少！這裡也包括我在內！由此來反思更深層的問題：我們到老師處求教，究竟是為了什麼？

我的看法：到老師處討教之人，魚龍混雜。或求遁世之法，或求長生之術，或求生財之道，或求升遷之謀，也有僅僅為了面上貼金，借南懷瑾之大名，在商界、學界、政界招搖過市，以求一時之快感（願老師恕我不恭而直言師之名諱，在此僅僅是為了文句的力量而已）。然而老師卻如一尊大佛，含笑面對芸芸眾生，不分貧富，不分尊卑，只要口稱一句『願學』者，一律傾心傳授。但悟到悟不到，則是各位當事人本身的造化了。我學到了什麼？

一個德字。老師親力親為，以德化人，才有我們今天的領悟」。

作承先啟後的一代人

老師非常重視我在農村上山下鄉後來又到美國留學當律師的經歷。我十六歲到農村種地，二十五歲作為「文化大革命」結束後恢復高考的第一批大學生進入中國的高等學府，三十二歲出國留學法律，又在美國當律師，然後再回到祖國，參與經濟改革的大潮。在老師的眼裡，中國有這麼一個階層，就是所謂的「老三屆」，這些人大都出生在上個世紀五十年代，大部分都當過「知青」，經歷過「文化大革命」和上山下鄉、當兵作工人的底層生活。改革開放之後，正是我們這一代人有了上大學、出國留學、從商從政的機會。而老師早在美國首都華盛頓客居期間，就開始對早年參與中國改革開放的一批年輕人，進行中國傳統文化和中國文化核心價值觀的培育。幾十年來，老師對我們這一代人用了不知多少心血和精力。

最初認識老師的時候，因為知道很多都是追隨老師幾十年的前輩，我到老師處僅僅是拉長了耳朵聽老師講，很少談自己的個人的經歷。後來因為有位朋友出了點事，老師關心這位朋友的情況，我就常常跑到老師處直接報告這位朋友的情況。有時坐下來吃飯，就對老師講講我過去的經歷。老師聽了以後，就敦促我一定要把這些經歷寫下來。他說，這個不是你自己一個人的事，這是一段歷史，一定要好好保存下來。聽老師的話，我開始將我在農村的經歷，出國留學的經歷一段一段地寫下來。每兩個星期左右寫四、五千字。每次把草稿發給老師的祕書馬宏達兄，老師就要身邊的工作人員讀給他聽。有的時候老師讓我自己唸，有的時候我不在廟港，老師就讓其他人唸。語句中發生錯誤的地方，老師還隨時予以指正。我把這些經歷大致分為下鄉篇、留學篇和海歸篇。老師親自把這段經歷定名為《狼口餘生》，因為我告訴老師在東北下鄉的時候確實遇到過狼。但是老師認為，人生這一步步走過來，無不是狼口餘生的經歷。我前前後後花了差不多一年的時間，幾十萬的文字，才把前面兩篇的草稿完成。老師是一字不落地聽完這些敘述的。最後一篇海歸篇，由於牽涉到太多的今人今事，始終沒得機會完成。老師生前囑託我可以把人物姓名用代號記下來。但是歷史總是需要記錄下來的，我當謹記老師的囑託，把這最後一篇也完成。

關於一九七七年底，我從農村到上海讀大學的記錄，我報告給老師最後一段的文字是這樣寫的：「火車離開月臺的時候，我的眼眶有點濕潤了。儘管歸心似箭，我恨不得一下子飛回上海，去看望久別的父母，去安慰那些為我擔憂為我祝福的家鄉父老。但是，想到我會從此離開這個我生活了九個年頭的第二故鄉的時候，我的心情是非常複雜的。看著車窗外向後逝去的一切，想到這裡有我熟悉的山山水水，有我熟悉的朋友。即使是那些「干打壘」（一種簡易的築牆方法）的土坯房子，此時也感到非常的親切，非常的捨不得。時至今日，我依然懷念那一片廣袤的黑土地。我懷念那裡的冬天，那清澈得發脆的冰寒空氣，那披掛著重重白雪的松樹，那亭亭玉立的白樺樹，那轟鳴的拖拉機的聲響，那播種機後面揚起的漫天塵土，那康拜因（穀物聯合收割機）卸下的滾滾麥流，那打穀場上高高的糧倉，那香甜的包子，那可口的小雞燉蘑菇，那酣甜的高粱酒，那辛辣的關東煙。我無法忘記我靜靜地長眠在北大荒土地下的戰友，也無法忘記那些為我分憂解痛的淳樸的鄉親。我無法忘記我受過的苦難，無法忘記我曾經的困惑，無法忘記我在逆境中傾心呵護的微弱的希望，也無法忘記那些沒有我幸運的朋友們絕望的眼神。

知識青年上山下鄉的運動發起已經四十年過去了，恢復高等學校的考試也已經整整三十年過去了。我後來得知的一個數字，當年參加高考的知識青年有五百四十萬人，而一九七七年能夠入學的人數只有三十萬人。我是那絕對幸運的三十萬人中的一員，我更是那五百四十萬人中間的一員，還有更多的人因為這樣那樣的原因沒有參加那年的高考。我在北大荒的朋友中，更多的人是通過病退或者頂替父母工作接班的方法回到上海的。很多人在後面的改革開放大潮中被沖刷掉了，在體制改革中間下崗，過著十分艱難的生活；有的人回城之後也因病故去了。我並不因為當年考上了大學感到自傲，相反的，我感到十分卑微。一切的一切，都是命運的安排。為此，我依然十分懷念我那些與我一起赤身裸體燒窯的夥伴，懷念那些和我一起煮苞米糊的同學，懷念那些豪爽的東北青年。

當年的上山下鄉是整個中國年輕人群的大遷徙。也正是通過這樣一場人口大遷徙，我們這些城裡的『豆芽菜』（豆芽菜是當年議論上海青年的一句貶義辭。指的是上海青年多數身體單薄，細細長長，站不正、立不直，病病怏怏，經不得風雨的樣子），真正瞭解了中國的農村，瞭解了中國的貧窮，瞭解了尋求真理的渴望，瞭解了作一個好人有多難，作一個有知識的好人更有多難，瞭解了當命運不公正對待你的時候，你的選擇不是怨天尤人，而是自強不息。要說哪個人真正能夠在逆境中先知先覺看得清方向的，那只是瞎吹。沒有人能夠在逆境中完全知曉未來是什麼樣子的，但是，在逆境中能夠熬下來，那麼未來是一定會給予你報答的。

在黑龍江的歲月中，我學會了熬日子。不管怎樣，能夠熬下來，才能等到境遇的轉變。如今的社會中，太缺乏耐心，太急於求成，太急功近利。正因為如此，黑龍江的日子才是對於我如此寶貴。儘管我在農村的時候吃盡了苦頭，但是至今我對此沒有半句怨言。吃苦的時候真的是苦，真的不知道這樣的苦難何時有個盡頭。但是吃過苦的日子總是會過去的。已過去的，就不再怨恨了。古人有句：『日出江花紅勝火，春來江水綠如藍，能不憶江南？』我在東北的日子裡，常常會吟誦那些憶江南的佳句。然而，回到上海之後，再經歷了新的磨難和考驗之後，那常常夢回的地方，卻是教我成長的地方，北大荒」。

後來宏達告訴我，老師特別欣賞這最後的一段，而且老師聽著聽著也流下了眼淚。我後來再見到老師的時候，老師對我說，一個人如果經歷了磨難而且能夠有這樣的精神去對待，才是真正有用的。我體會老師敦促我寫下自己的經歷，就是要我真正動筆、動腦子，去回憶總結自己過去的一切，從而對未來有著更加謙卑、更加勤奮的基本態度。

二〇一一年六月的一天，老師突然親自給我打電話，讓我去一趟廟港。在我與老師相識的很多年中，老師極少親自打電話傳喚我去廟港。我以為出了什麼大事，當天下午就從上海開車趕到廟港。見到老師以後，老師對我說，前一天晚上他突然想到岳飛《滿江紅》的詞句，又聯想到我們老三屆的境遇，隨手寫下了幾句：

三十功名塵與土　八千里路雲和月

昔日知青今老壯　承先啟後向誰說

當時老師的視力已經不太好了，他說他是拿起一張紙就把這幾句寫下來的，一定要當面交給我。直到看到老師的這些文字，我才慢慢理解老師在過去的兩年中，總是催促我趕快把我在農村和國外留學的經歷寫下來，我才慢慢理解中國面臨著一場翻天覆地的巨大變化，而擔當這個承先啟後大任的，正是這一代瞭解中國底層實際生活，吃過苦，同時又有機會在改革開放之後，實際瞭解中國之外發生了一些什麼樣變化的人。老師寄希望於這代人做好承先啟後的事業，保證我們中華民族生生衍衍的繁榮昌盛。

老師傳奇的一生，就是一部經；老師的言談舉止，就是一部經；老師的著述演講，就是一部經。然而老師堅持說自己「一無所成、一無是處」，就是要我們不能把自己的思想困惑住，把修養的悟性困惑住。老師有時講課激憤的時候，將大手一揮，說最終一切都是要放下，連釋迦牟尼也要放下，連佛經也要放下，這才是真正的學佛求道的氣派。在紀念老師辭世週年的時候，我把自己心中的一點點心得寫下來，願追隨老師的同道朋友們，不去迷信任何有關老師的種種傳說，要能真正體會老師自身的實踐，以他孜孜不倦的教誨，為我們後世留下的這一部大經。

跟隨南師的日子

林德深
香港中文大學醫學院榮譽教授

在南懷瑾老師的學生當中，我的資歷很淺，可是南老師在過去幾年裡對我的影響非常大，所以去年他離我們而去的時候，對我來說是一個很大的打擊。回想當時很多同學都把他們的感受用文字記錄下來，發表在不同的報刊和書籍中。我拜讀之餘，感覺到他們對老師的深厚感情，感受很深。我當時也有一陣衝動，很想加入他們的行列，寫一些東西來表達我的感受。不過後來決定暫時擱筆，理由是仍然沒有平復自己的心情，也不善將自己感性的一面用文字表達出來。

最近，聽到劉雨虹老師要編一本懷念南老師的書，讓同學們可以參與發表對南老師懷念的心情。我把握這個機會，希望把我的感受通過文字和同學們分享。我感到這幾年有機會追隨南老師，是我生命中非常重要的一頁，這幾年的體驗把我的生命完全改變了。南老師已經離開我們幾近一年，我現在可以比較客觀、抽離地重新審視我在跟隨南老師的日子裡所學到的和所感受到的東西。

要瞭解南老師和我這一份緣，要從介紹我自己開始。在年幼的時候，是大概十五、十六歲讀中學的時候，我在同學當中是一個出名的無神論者。還記得當時我經常與同學們討論關於心靈、神、真理、生命等問題，最喜歡的就是和基督徒集體辯論，往往互相都不能說服對方。過了幾年，到我十八歲心智開始慢慢成熟的時候，我重新思考自己作為一個人與天地及世界的關係。我因緣巧合地參加了一些天主教團體的活動，接受了一些系統性的心靈的訓練，越來越受到天主教徒、神職人員那種奉獻精神的感召。再過一段時間，我接受了天主教的教義，領了聖洗，變成了一個天主教徒，開始了天主教徒的生活。

同一時期，大概十八、十九歲左右，我偶然接觸到瑜珈這種運動。通過一些報刊、書籍和圖片的介紹，我嘗試自學瑜珈，去研究各種身體和心靈配合的實驗。通過瑜珈不同的體位以及自己心靈上的一些訓練，我希望可以明白心靈和身體介面的相互關係。但是很可惜，因為沒有良師在身邊指導，我在瑜珈的身、心練習中始終沒有取得大的進步，後來甚至完全放棄了。當時對其他宗教的瞭解非常膚淺，對於中國文化的瞭解也不深入，尤其是中醫學的發展，雖然有很大的嚮往，但是由於進的是西醫學院，也沒辦法更深入地去鑽研中醫。但是很幸運的，在我大學二年級的時候，有機會趁暑假時跟一位中醫師學習經絡和針灸。從針灸得到的身體感應，包括氣感和其他身體上的自然反應，對我後來瞭解身與心的互動影響很有幫助。但要進一步瞭解中國文化，尤其是道與佛的學問，直到我三十多歲，有機會接觸到太極老師胡雲卓醫師時，才得以更進一步。

胡老師是一個在西醫學和中國武術都很有研究的人。當我跟隨他學習太極的時候，他常常把一些道和佛的知識灌輸給我們。他喜歡說《金剛經》，也講「精氣神」的理論。我們在研習太極拳的同時，不知不覺地接收了這些知識。我相信從那時開始，中國文化的根已經慢慢在我的認知中出現了，可惜由於生活忙碌，這些文化的根始終不能夠生長起來。一切還要待我接近五十歲的時候，通過彭嘉恒先生引領到香港北角佛教圖書館，才可以進一步開展。事實上開始時追隨彭嘉恒先生的不是我，而是我的長子林敬生。他是一個勤於思考的年輕人，對於很多生命中的問題，他當時找不到答案，感到十分困擾，所以我介紹他認識彭先生這位老師。彭先生帶了敬生去佛教圖書館，介紹了很多南老師的書本給他閱讀。很快地，我們家的書架上就放滿了南老師的書，所以家裡開始接觸佛法的第一個應該是敬生。我當時反而很少翻閱南老師的書，遑論接觸佛法。

直到有一次，彭先生因緣巧合地請我到佛教圖書館，他介紹我認識一位少林寺出身的尼師。這位尼師在少林寺長大後進入了醫學院，成為了一個主任醫生，對醫學和佛法都有深入的研究。我們討論了一整個晚上，她提了很多修證佛法的法門，與在修白骨觀中遇到的種種現象，激發了我的興趣。作為一個醫生和從事科學研究的人，我對於生理和心理的問題都有興趣。對於尼師練白骨觀過程中的體驗，開始的時候我感到不可思議，幾乎馬上要界定這種現象為精神錯亂，可幸我沒有這樣做。我把這種對我來說是全新的現象立為一個疑案，為了將來可以繼續研究。但是在接下來的五～七年中，我對佛教這個名辭仍然有一種抗拒，我相信這是一種傳統天主教徒的執著，認為「佛教」是一種迷信的教。在那段時間的我，由於家庭產生了變化，人生也走到一個交叉點，有好幾年生活十分混亂，甚至有點迷失方向，無論在個人事業上或者是心性的進修方面均停滯不前。過去對於中國文化的嚮往，在那段時間也沒有任何的發展，對於佛和道，仍然所知不多。我明白不可以一直這樣下去，大概到五十五歲的時候，我感覺要為自己開創一條新路，從混沌人生的局面中走出來。所以當彭嘉恒先生提議我去灣仔瑜珈中心跟他學習打坐時，我馬上接受了。還記得每逢星期五下班以後，我們二十多人都一起跟彭先生學習打坐。第一次打坐時我已經感覺到非常舒暢，由於有多年的太極和站樁的訓練，我的氣機比較容易發動。在開始學打坐的時候，身隨氣而動的現象出現了。彭先生在我耳邊小聲地提點我，讓我明白怎樣可以鬆靜下來。

後來彭先生問我：「你第一次打坐有什麼感覺？有沒有昏沉？有沒有散亂？」我的回答是：「整個打坐過程中我遊走於昏沉和散亂之中。」當然，隨著後來多有練習，打坐帶給我越來越多的滿足，身體和心情上都獲得很多收穫。很快，打坐已經成為我生活中必不可少的一部分。差不多同一時期，彭先生也在同一個瑜珈中心裡開辦了一個瑜珈班，主要的學員都是我們扶輪社的朋友。我參加了，也通過瑜珈的練習明白了筋骨和內氣是可以一起練的。當然，現在瑜珈也成為我生活中的一個重要部分了。

但是我的佛緣仍然要多等一年。到了二〇〇九年三月，彭先生邀請南老師出席一個晚宴，我有幸成為座上客。這個晚宴的主旨是歡迎南老師回香港，出席的近五十人。那時候我對南老師的認識仍不多，僅知道名字；對佛法的認識也幾乎等於零。所以參加這個活動時，我純粹是為了捧老朋友彭先生的場去赴宴。南老師給我的第一個印象非常好。我發現這位老人家笑容可掬、和藹慈祥，令人感覺十分容易親近。在他身邊圍繞著他大批的學生和粉絲，有些為他表演瑜珈，有些背誦經文，另外幾位作報告，有的談笑風生、幽默風趣。整個晚上我被他們的風采吸引著，當晚我也有機會為南老師唱了一兩首歌。從那時候開始，身體內似乎有一些化學元素啟動了，讓我對佛法和佛學減少了抗拒。

漸漸地，我感覺到有需要開展這方面的認識。接下來的幾個月，受到彭先生和馬有慧的鼓勵，我開始翻閱南老師的書。這些書已經放在書架上超過十年，有一部分林敬生也讀過。我一本一本拿出來讀，開始是《如何修證佛法》、《金剛經說甚麼》、《圓覺經略說》等等，一本一本地讀，越讀越喜歡，發現書裡面原來有很多學問，像多把鑰匙可以幫我開啟一些新的知識領域。更重要的，它們幫助我明白了過去幾十年都解釋不了的問題。所以，後來彭先生提議一起去太湖大學堂拜會南老師，我馬上掌握機會與太太李丹醫生一起加入了這個行列。二〇〇九年底，我第一次去大學堂參觀和學習。現在整個情景仍然歷歷在目，南老師當時很喜歡在午後大概四點左右，去到他自己設計的咖啡廳裡，自費喝上一杯新鮮磨泡的咖啡。我首次在大學堂裡拜會南老師，就在咖啡廳裡再為南老師高歌一曲，似乎老師和我之間的緣是從歌唱開始。

南老師對學生的教導有他自己的方式，在不同人的身上有不同的開示方法。在首次拜會南老師的當天晚上六點鐘，大家聚集在飯堂，南老師以他一向的從容和幽默的方式來招呼席間的朋友和學生，當時我感覺到這個大家庭充滿吸引力。第二個晚上，我有機會坐在南老師的主桌，飯後第一次做了一個口頭報告。南老師要求我說遺傳基因的新發展，我作了一個詳盡的報告以後，南老師點頭說：「很好！」接著他問：「基因背後還有沒有什麼？」我馬上回答：「當然有的，肯定有。」我明白到這是南老師給我的第一課。通過這種問答，他讓我明白佛法裡的一些精要，也是生命科學的精要。這就是南老師的弘法方式，他會測試學生，利用一些問題來幫助學生思考，來啟發我們。當然，如果單靠在南老師身邊上一堂半堂課，做一兩個報告，接受三五個問答，就想學到佛法的精要，我相信天下間沒有那麼便宜的事。很快的，我明白到要再進一步去深入瞭解佛法和認識真理，一定要下決心改變自己的生活方式，多讀書、多思考，努力修證，才能完成我一向追求的夢想。

所以，在接下來的三年中，我和李丹醫師做了十次這樣的訪問，跟隨南老師學習，平均每次都在太湖大學堂花上一整個星期。其間，每天都會在大禪堂中打坐修持，每天坐七炷香的時間。晚上的時候跟老師學習佛法，一點一滴地吸收他的教導。在這三年中，除了三次的口頭報告之外，我也做了二十六份書面報告。每次的報告，南老師都十分仔細地聽取，然後做出批註。在撰寫報告和聽老師批註的過程中，我慢慢從一個完全不懂佛法的新丁，漸漸地進入了佛的國度，開始欣賞佛的世界，這個世界原來是充滿色彩，充滿含義。作為一個科學從業人員，我希望明白這世界的真相和背後的真理。在這個過程中，我逐漸明白過去幾十年中自己在思考上的一些盲點，在論據上的一些謬誤，在生活上一些可以大大改進的地方；我也越來越明白佛教、佛學和佛法的基本原理和它們的重點。

通過這幾年的修證，我在生活上和心靈上起了很大的改變，生命越來越充滿喜悅，身心都添了很多新的活力元素。在整個過程中，老師給了我很多鼓勵。還記得有一次做完一個報告後，老師說：「很好，我獎你兩個半雞蛋。」（意思是在報告中畫兩個半圓圈，聽說最高是三個「雞蛋」，也就是三個圓圈。）老師就是用這些輕鬆和幽默的方式來教化學生。當然，如果報告一無是處或錯誤百出的時候，老師也會毫不客氣，十分嚴厲地批註。所以我無論是寫這些報告，以及聽取南老師批註的過程中，都懷著戰戰兢兢的心情，實實在在地去學習。老師對學生的期望很高，所以他會通過不同的測試來考核我們，還記得有一次在閒談的時候，老師問：「林醫生，你可以背整首的〈八識規矩頌〉嗎？」我當時跟他說：「一年前我可以一口氣背出來，現在我發現我對唯識的認識很皮毛，〈八識規矩頌〉背不出來了。等我日後再深入認識唯識的時候，我再背給您聽吧，老師。」

當然，大家都知道老師是一個充滿慈悲而樂善好施的人。我最記得他所說的是：「我一輩子都沒有錢，左手有錢來，右手就花出去了。」他的慈悲給我留下了很深刻的印象。在這三年七十多次的接觸中，我漸漸認識他的為人。他的行事、風骨和見地，都令我佩服得五體投地。劉雨虹老師和其他同學都在他們的書裡介紹過老師的功德，但對我個人來說，我最感動的是他那種慷慨、無私和豁達。他的記憶力只可以用一個形容辭來表達，就是「驚人」。在批註我其中一個報告的時候，他說：「我說一個祕密給你聽，我自從六歲之後就不會失念。」意思就是說在他六歲之後，他所有的事情都記得，這是非常驚人的記憶力，也是與生俱來的一種天賦。作為學生，我除了讚歎他的天賦之餘，只可以努力不懈和虛心地學習。老師往往有他自己對事情獨特的看法，對應當做的事情也有他的執著，所以能夠在晚年的時候完成幾項影響國家民族的偉大創舉，包括金溫鐵路的修成，以及作為一個海峽兩岸中間橋樑的身分，促成了海峽兩岸的調和。如果沒有一個強烈的信念和執著，這些是不可能成功的。所以老師的為人和行事的特質，也深深地吸引了我，在我跟隨他的幾年裡，直接地影響了我對生命的看法。

在這幾十次跟隨南老師學習的過程中，除了第一課的答問之外，南老師給我的最後一課最為深刻。那是在二〇一二年九月的時候，南老師身體轉弱住進了醫院，彭先生在上海和太湖先後發了很多次短信給我，敦促我和太太馬上由香港去太湖。我們匆匆完成了手頭上的工作，趕在九月底的時候去到太湖大學堂，接受了南老師給我們的最後一課——生與死的一課。為了這一課，我和李丹醫師準備了多項醫療器材，也反覆地討論了生命與死亡等等的定義。作為一個醫生，生命和死亡似乎是一些順理成章、十分容易界定的現象，但是我們現在面對的是南老師，不是一個我們平時見到的普通病人。同學們對南老師究竟是處於禪定還是死亡的情況有一些爭議，我們要再重新審視什麼叫生命？什麼叫死亡？為了這個，我和李丹醫師進行了一連串的討論，終於達成一個看法。我們應該分成兩步來瞭解生與死：第一步，我們要為南老師檢查，看他究竟有沒有生命現象。如果沒生命跡象的時候，我們需要再進一步做第二步的檢查，看他有無死亡的現象。我們相信兩者具備才可以說老師已經離開我們了。九月二十九日上午十點半左右，我們帶著從醫院借來的儀器給南老師做檢測，陪同一起去的有南國熙、南小舜、宏忍師。我們一共五人，小心翼翼地花了一段頗長的時間完成我們的職責。到下午的時候，我在一個主樓辦公室開的小組會議上宣佈：「南老師已經沒有生命的跡象，部分身體已出現死亡跡象，身體不可再用了。」當我說到這裡的時候，忍不住突然哭出來。我過去面對了很多的死亡，無論是自己家庭成員的死亡，或者是病人的死亡，我從來沒有哭泣過。但是這次老師的離去讓我有很大的感觸，其他同學有不少人也一同落淚。這是我在三年來跟隨南老師學習過程中做的第三十個報告，也是一個關於生死這個重要生命科學課題的最後一個報告。

南老師過世近一年了！總結這幾年追隨南老師學習的過程，對我個人來說，除了在文化上對儒、釋、道有更深入的瞭解之餘，我也從南老師身上學到了另外兩樣東西：第一是如何作人，通過學習南老師的為人、涵養等等，我更加明白怎樣作一個更好的人。另外，通過南老師因材施教的種種方式，我也學習到如何可以教化學生。當然，南老師身邊的同學們，以及我的好朋友們，在我這幾年的學習中也起了十分重要的、改變我生命的作用。除了彭嘉恒、馬有慧這兩個非常親密的好友之外，在太湖大學堂由於南老師的關係，讓我認識了很多朋友和同學，他們都在我這幾年人生的轉捩點中發揮了很大的作用，對他們我是由衷地敬佩和感激。

當然，對於我們都十分懷念和尊敬的南老師，我仍然感覺與他非常接近。還記得最後一次經過老師的咖啡廳時，隨手翻開一本歌本，剛好翻到〈教我如何不想他〉的一頁，我就站在長桌前再次為他唱這首歌。

寫到這裡，彷彿又回到太湖大學堂，南老師坐在咖啡廳裡，仰首聽著我為他歌唱。

明月映藍天

——憶南懷瑾先生

李家振

佛教文化工作者

以往常說：「光陰似箭，日月如梭」，此話真實不虛。南老師仙逝，轉眼一年過去了。

一年前在太湖大學堂，南老師荼毗時，抬頭望天，只有一輪明月映照在無有邊際的藍天上。那月亮不知照著多少人家，有多少人仰看，也不知還有多少人記得當時的影像。但對我來說這是不同於任何時候、任何地方的月亮，過去沒見過，今後也不會再見。

南老師說過：「江上何人初見月，江月何年初照人」，這是包含哲學、文學、科學全在內的。那一天，我沒有哲學、文學、科學的聯想，縈繞在心頭的只有一個若隱若現的念頭：一位影響深遠、為人景仰的老人，當他荼毗時，除了真誠默念他的人外，眼前只有一片湛藍的夜空，一輪皎潔的滿月，這就是他一生的示現吧！

青煙裊裊融入明月映照的夜空。他走了，留下無盡的慈悲情、智慧意……當我聽到宗性法師舉火時的念誦，「夢！夢！夢！」三個字通過耳膜砸在心上。

南老師仙逝前我聽到過一些傳言，我不相信他會離去，但心頭出現了疑雲。二〇一一年九月他曾給我一封信，敦促我抓緊時間挑起擔子，完成《生前身後之謎與倉央嘉措》影視專題片。他說：「你應該明白，我今年九十四，你也七十七了，趁我在，趕快做……」這段話不時出現在耳邊。二〇一二年四月十九日完成第二稿的樣片，南老師連續看了三天，看後鼓勵之餘，語重心長地要我「進一步從文學美的角度去完善，務必與劇組一起將旁白、鏡頭、字幕配好，挑戰自己，爭取留下一部有歷史文化藝術保留價值的片子」。

這段話我銘記心頭，既感恩亦困惑，每想及此就如夢境一般。

在進一步加工修改中我曾到太湖，不知為何常有不祥的預感。我發現以往老師對我總是和藹親近地講道理，但那幾次他顯得很急切，嚴厲地要我牢記他的話。聯想到前述諸事，思緒紊亂，難以心安。

我以往有個習慣，有事難解時，會拿起一本書隨便翻一頁指一段。那一天起床抓的是《老莊中的名言智慧》，隨手一指竟是書中「遁天倍情，忘其所受」，講老子死了的故事。書中老師提到「人的感情自有喜怒哀樂，但若非要表現到極致才算傷心，這個感情就是違反天然的，已經忘記了生命的本來」。

「生命的本來就是『積聚必有消散，有命咸歸於死』，有活著的生命，自然有歸宿的那一天，這是必然的道理」。

高度的疑慮，催我與好幾位學友通話，回答仍是模稜兩可。很快收到了南老師火化儀式的知會，這一切真是不可思議。

二十多年前，在我與南老師見面之前，通過劉雨虹老師，佛緣之線已經牽上。趙樸初先生與南先生的會面，佛教文化研究所與「老古」合作出版的《雍正與禪宗》及一些活動已進行。而我通過活動讀到、聽到有關南老師的言行，產生了心嚮往之的意願。我深感南老師是真正的有道之師，他真誠、慈悲、有智慧、重實行，對自己要求很高，心所想的不是自己的名、利、地位、成就、功業，而是「起心動念是否能獨善其身，是否可兼善天下」。

他所說的「行遠自邇，登高自卑」、「功勳富貴原餘事，濟事利他重實行」這些道理，震懾我心，使我到今天還能過坎上路。

老師對儒、道、釋融會貫通，對明心見性的佛教智慧有修、有行、有證。他告訴我們「學佛從佛法入手，不為佛教的宗教形式、宗教習慣、宗教行為所限，走的是佛修行之路，解決生死問題」。我學佛甚晚，不過在這些理念上，與老師有佛緣。

我一生多難，經歷了眾多坎坷，過了知命之年，似乎已到山窮水盡時，忽然得個轉身處，進入了從未想要進入的領域——佛教文化研究所。由於經歷多、見聞廣，涉及過的人事也很豐富，加上趙樸初先生的影響，使我在這領域中比較容易擺脫文字的束縛和權威的影響，在佛法、佛學、儀式、習慣中較多地傾向佛法。在辦具體工作中，親近了一些善知識，明白了一些道理。其間又抓住了整理經典考據、傳統文化傳承這條線，堅持做去，直到今天。可是因為經歷多，我雖然明白了不少事，也似乎有些成績，儘管努力做事、很少欲求，但在貌似瀟灑的言行後面，還是常常陷入以往情境陰影中。

一九九四年在廈門南普陀初次見到老師，真是一見如故，為他的慈悲、智慧所感，產生了想向他傾訴的心情。此後幾次去香港，老師對我都厚愛有加，但多次接觸中，我無法當眾說自己的坎坷經歷。有一次回到北京，想到他寬容的胸懷，未加思索、毫無保留地將自己種種遭遇與心情坦誠地寫給了他。老師為我的坦誠所動，回了我一封長信，勉慰之中告訴我種種遭遇都是為我消業的佛理。這封信讀後，使我如遇多年未遇之長輩，感動不已。雖然我身邊也常有親近的領導和有影響的前輩，但因為自幼即受過不少不白之冤，心中總有人與人「很難理解」之心。尤其在一日數變的政策下，因為愚昧、無知，卻又不願虛偽昧心，眼與嘴都很快、很尖，這種情況致使人們給過我傷害，而我也傷害過別人。我見到老師時已放下了以往的背負，在佛教領域一心做事，有一些成績，平時很低調，得了一些好評，看來似乎表現得很是「瀟灑」，但心中常有鬱結。南老師看到我所述，一語道出癥結。

他看了我寫的散文與報告，說我真乃「《法華經》中所述離家出走之一窮子，忘卻衣珠之徒，至為憐憫者也」。又有一次他給我一封信，說到他與我的交情：「完全出於道義。所謂道義，是我們素無瓜葛，只是一見便欣賞你的才氣，以及你書生仗義的氣質，這是我平生愛才的個性，為你缺乏好運而擔心。」老師的信體現了他的慈悲心，一語道出我的癥結，反映了他的智慧。

但他並不光給我心靈的撫慰，還嚴肅地指出我「始終忘卻達摩祖師所說二入四行之義」。我的言行，「固然隨處表現瀟灑而解脫，但始終未能泯滅半生所遭遇之陰影。」「在心行上，始終留住其情景，仍即長期被冤苦之帶質境與獨影境所困，實乃不求自智自度之大病也」。

在他的指點下，我對照自己，去理會達摩二入四行，認識到一定要捨除妄想、歸真返璞，不信文解義、妄生枝節，住於寂然無為之境，先做到「理入」。

對自以為的冤苦，看到自己一生來到世上，只有負於人，並無人負我，認識「了即業障本來空，未了還須償宿債」的道理。對於以往接觸的人與事，了知這都是因緣聚散無常，努力以「眾生無我，緣業所轉，苦樂齊受，皆從緣生，得失從緣，心無增減」去看待無常之緣。要下決心不再有個人所求，明白凡人處世皆有所求，有所求皆有所欲，如此必有得失榮辱之患。

努力去瞭解人空、法空之理，為除妄念，修行六度而無所為自身之行。這些理念消除了我心中的鬱結，但談何容易，煩惱還常常伴隨著我。

以後老師讓我挑起拍「倉央」專題片的擔子，給我暮年一個新的人生。

這個題目是根據他對我的觀察，認為我會願意在他指導下做而提出的。這課題自二〇〇五年至今已近十年，還未能完成作業，但我已大大受用。

通過編「倉央」的本子，我從「不捨佛住，不違世法，不捨一切世間事，成就出世間道」中明白「佛、菩薩、眾生不二」，認識到倉央的犧牲，使我對「不負如來不負卿」有了點理解。

事實上，如果不懂佛、菩薩、眾生以及世出世法不二的真理，很難理解「不負如來不負卿」的真實內涵。

老師又讓我明白了情的內涵的深廣。他說：「情之為用，非專指男女間，濟物利人，方見情之大機大用也。」這使我擺脫了對形式、文字、語言……的束縛，認真從「情」字來看倉央、看世界、看人生，看佛與有情的關係。

同時我也感知到，如果不懂得五蘊皆空，色即是空，空即是色，不可能真正明白眾生難以解脫的一個「情」字。

南老師告訴我，想編倉央嘉措紀錄片只是一時興趣，這是欣賞倉央的才華和他為求證密法而犧牲的精神，他的一生都是謎。

這更使我提高了對「萬法因緣生」這一真諦的理解。如不認真在行中去明白的話，如何能理解眾生在法與理上的關係。

但我在理清這些頭緒時，還是很難做到情理貫通、學修並行，常常十分鬱悶，想到完不成這一功課，卻接了下來，很自責。老師看出了我的心思寫信給我，要我「自由瀟灑，切勿如理學家，自責太過」，否則，「七十年來難解脫，只緣飛絮太飄零」。

我糊塗荒唐的一生能有這樣的老師指點迷津，這是多大的福報啊！

南老師生前最後給我的幾句話是：「要認真不要當真，學佛就是法無我，人無我，緣起性空，性空緣起，本來自在。」是的，認真是來世間一遭的責任，當真就有我執、法執之心了。真正明白緣起性空，理解妙有真空，才能隨時解脫地走在無常路上，盡力為自己、為他人做點有益的事。

接到劉雨虹老師的電話讓我寫篇紀念文章時，那一天據報月亮會有日、月、地球一線的特殊現象，可是當天狂風暴雨，一無所見。對於月亮，今天的人們想看、想借月抒情，要議論、盼望光顧，也有人努力去登月，尋找可以利用的物質以便開發；但我想，亙古至今被人嚮往的永遠是皎潔的月光。

此時我心中又顯現出那一天太湖大學堂的一輪圓月。對我來說老師色身雖去，他的精神已融入月光，遍灑天南地北。

因緣學習

從學南師二十年

彭嘉恒
加拿大會計師

不知是誰先叫我「彭公子」，從認識老師後，這「花名」一叫就二十年。雖然我們家道不是很差，但比起戰國諸侯或現代的大富豪，卻是望塵莫及的。

一九七八年我在加拿大讀完大學，考取加拿大會計師執照後，就當作聘禮去澳門迎娶馬家的七小姐馬有慧，她是我在香港時的中學同學，並一起在加拿大讀大學。

十年後，我們把在加拿大的會計師樓賣掉，回港發展。當時，報章雜誌都在報導氣功的奇妙，我買了一些氣功書，其中包括了《因是子靜坐法》，便跟著亂學打坐。一次偶然去大嶼山的寶蓮寺，看到了大殿上的《心經》，覺得很有意思，便請了本回家念，這是首次與佛法結緣。

一九九〇年在香港，我們的健身會提供了氣功班，我學了一兩個招式，回家教有慧，她便有感應，也開始練習起來。有一天與她走過郊野公園的一條小溪，那裡水聲潺潺，我和有慧停下來站一站，她一靜下來，聽著水聲，便看到我整身白骨。

氣功會的邱師父知道我好打坐，便介紹我看老師的《靜坐修道與長生不老》及《易經雜說》。我一看便愛不釋手，於是把老師的書全買回家。那時開始，我便沒有再練氣功，而是跟隨《靜坐修道與長生不老》一書所說的身法、心法打坐。

一九九二年二月，因公事路過臺北，我們就到「老古」，希望探聽到老師的行止。買書付錢時，我便問老師是否仍在美國，那職員聽到我們的廣東國語，便說，你們香港來的也不知道老師最近去了香港嗎？劉老師聽到這裡，笑說要把那多口的職員記過。

我於是便罵自己，老師每本書上都印有香港「經世學庫」的地址啊。那時「經世」還可零售，於是我每一兩天，便去買一兩本書，碰碰運氣。有一次，真的碰到老師出現，但當時「經世」的職員還是不讓我上前說話。

皇天不負有心人，終於有一天，「經世」只剩下一個職員，他大概常看見我，就告訴老師那個人又來了。可能是菩薩保佑，老師便親自出來問我來意，我馬上打電話給有慧，叫她立即來。老師問我們找他做什麼，我便把有慧打坐的情形說了出來。老師那時剛開課，便囑我們第二天晚上去聽課。

兩天後，老師就要我們到他那裡上班。這樣就開始我們二十年追隨老師的日子。

香港佛教圖書館

老師初抵港時，也曾公開弘法，那是在香港佛教圖書館，講的是《解深密經》，當時的學員包括黃昌發醫生、衛夢楷等。圖書館是何澤霖居士創辦的，九十年代末，他多次懇求老師接手，老師推辭不掉，就找了臺灣老同學親證師來接手主持。後來圖書館提供兒童經典讀誦班、靜坐班、念佛共修、準提法共修、誦經法會。春節打七時，老師也多次去開示。但老師又想到，在香港弘法，粵語還是比較方便，便派了我去主持讀書會，如是已十多年了。我和同學分享了《如何修證佛法》、《金剛經說甚麼》、《圓覺經略說》、《楞嚴大義今釋》、《花雨滿天維摩說法》等書的研讀。

Yogamala

老師認為身體還是需要運動的，便勸大家去學瑜珈。南國熙太太何碧默大概學得最好，二〇〇七年底，她的法國老師派我去他灣仔的瑜珈中心教靜坐，學員都很快進入狀態。過一陣子，何碧默、卓娜和金馬影后陳令智等，接手了那瑜珈中心，改名為Yogamala。二〇〇八年九月，他們一行十八人戲稱「十八羅漢」，去太湖大學堂靜坐修習一個禮拜，都得益不淺。二〇〇九年三月，老師最後一次回香港，還特別去 Yogamala 講課。

看了練瑜珈的人對靜坐都那麼快上手，我就特別在週六辦了一個瑜珈班，為中年學員做靜坐的前期訓練，效果很好。

林德深醫生

大外孫兩歲時，身體很好，但他有蠶豆症，吃蠶豆、黃連、珍珠末等，會出現溶血性貧血現象，很危險的。在香港、新加坡等地，醫院會把所有初生孩子的血液，送到政府的遺傳中心檢查，一旦發現這問題，就會告訴孩子的父母。若在美國，就不會發現孩子有這樣嚴重的遺傳病了。

香港的篩選工作是衛生署醫學遺傳服務中心負責的，恰好該中心負責人，是同參林德深醫生。他自一九八一年開始參與該中心的工作，一九九〇年主管至今。

遺傳工作一直都是吃力不討好。林醫生本是兒科醫生，八十年代，有人邀請他到私家執業，收入比在政府多幾倍，但他毅然留下，並繼續攻讀遺傳學博士。這二十多年，香港政府撥給他這個遺傳服務中心的經費，超過十億港幣。這也應了老師所說，人生不是你賺到多少錢，而是你花了多少。世界上有七個最大的人類遺傳學會，林醫生現在是這個遺傳學會國際聯會的主席。

我們雖然一九九五年已經認識，但二〇〇七年底才有機會在Yogamala和香港佛教圖書館，與他分享老師傳授的靜坐心法。他第一次見老師在二〇〇九年三月，是老師最後一次來香港時。同年底，他第一次去大學堂，但他的見地和禪定的功夫進步之快，是罕見的。老師涅槃時，他和夫人李丹醫生，是受委託最後檢查老師身體的兩位醫生。

老師與彼得・聖吉

我們跟老師打過兩三次七後，老師就覺得我們應該把位置留給其他新的同學。所以一九九七年，在香港太古廣場寫字樓大廈的一個講堂，老師為彼得・聖吉開示那次，我們沒有參加，只去了晚上的小參。

聖吉是麻省理工學院的學者，亦是《第五項修練》的作者。這本書寫於一九九〇年，是他多年研究系統動力學及管理組織的心血，此書被哈佛大學譽為百年來最好的二十本管理學叢書之一。

一九九五年，他創立了「學術型組織」的管理學，在來到亞洲時，第一次向南老師問「道」。此後，老師為他、他的友人及其他世界各國人士，主持了一次禪七。之後每逢來亞洲，他都向老師請教人生哲理及修行上的問題，也常寫報告給老師，基本上皆由我擔任翻譯工作。

他與老師的緣分始於他中文譯本的導讀，內中提到：「至於想要真正精熟……這些『新領導能力的上乘武功』，我還想不出有比禪宗大師南懷瑾先生在《如何修證佛法》中，所提示的『見、修、行』三位一體的修證綱要更好的指引。」

老師是本著中國傳統的精神，對他「知無不言，言無不盡」。聖吉與老師有很多相同理念，他們都強調終身學習，亦都身體力行。他創辦的「組織學習協會」，是一個網路，聯繫對此理念認同的機構及人士。

聖吉對環境污染感到憂慮，竭力提倡商業發展時要注意其持續性，儘量將物料循環再用，而不是最終變成垃圾。

老師將生命的「生、老、病、死」，以及物理「成、住、壞、空」的道理，解釋給他聽。其實世界上一切物質，亦是和我們人一樣，都是本體所生。《楞嚴經》說：「一切世間諸所有物，皆即菩提妙明元心」，所以污染環境，最終的受害者就是自己。

聖吉也開始擔心美國的教育制度，為此而向老師請教。老師向他介紹「唯識」善惡心所和習氣的道理。

二〇〇六年十月底，彼得・聖吉博士帶領 ELLIAS 團體成員來到了太湖大學堂。團員來自十二個國家之多，包括了聯合國的專家顧問、各國企業界的領袖、學術界的菁英等，在大學堂展開為期數日的參訪研習活動。此次活動的對話，後來出版成《與國際跨領域領導人談話》。

老師涅槃後，聖吉特別去了太湖大學堂。他每天還是繼續靜坐，也和同學們保持聯絡。

個人的得益

我們最初找老師，是因為有慧迫切需要老師的指導，同時我也一度迷茫，是老師的書和開示救了我。

因為三十六歲已經有自己的會計師事務所，要經常應酬拉關係、吃喝玩樂，業務又很費神，在剛認識老師時，身體虧損得很厲害。慢慢聽從老師的教導，調節飲食、守戒，身體才好了起來。

跟隨老師後，更加明白富貴浮雲，心才慢慢安下來。

老師說，現代的學問很多都不是用自己的身心修證得來，都是研究外面的一切而來的，所以研究一旦錯了方向，問題就很嚴重。譬如說，我一九七三年去加拿大，那時美國的營養指引是一份肉、一份奶類、一份穀類、一份蔬菜，一天要喝四杯牛奶。這四十年間，又改了好幾次。現在肉和奶類比例少了很多，因為過多的蛋白質食品，已造成美國國民很多健康問題。

身體是很複雜的系統，幾十兆細胞，怎樣調理才好？打坐修習禪定後，身體敏感了，會避開風寒、冰飲，減少男女關係。但我多次請教西醫，都說沒有科學證據。後來慢慢明白，因為沒有人資助研究，就沒有資料，就沒法科學證明。

老師在《如何修證佛法》說：「今天科學愈發達，對我們學佛學道愈有幫助。這個時代的人修道，應該比過去的人容易才對，因為有許多科學的理論，給予事實上的幫助。」

在〈物理學步入禪境：緣起性空〉一文中，朱清時校長說：「佛學認為物質世界的本質就是緣起性空。藏識海（又叫真如海）是宇宙的本體。物質世界的萬事萬物都是風緣引起的海上波濤，換言之，物質世界就是風緣吹奏宇宙本體產生的交響樂。」

現代科學證明靜坐可讓「腦波頻率」慢下來，讓腦波同步共振。功夫到了，就可以明白老師在《禪海蠡測》中所說：「須知心物本為一元。心為其主，通靈明妙性之功能。物為其用，依附妙性之形質。然實二即一，一即二也。」

心隨南師遠行

何迪
瑞銀投資銀行副主席
博源基金會總幹事

陳小魯
北京標準國際投資管理公司董事長
博源基金會顧問

南老師走了快一年了，我們對他的思念有增無減。二十年前與他初次相見的情景，至今猶在眼前。

一九九二年是我們人生中大悲大喜的一年。上半年經歷了父病母喪的痛苦。我當時正在美國霍普金斯大學讀國際政治碩士學位，五月下旬接母親病危通知，未及參加畢業典禮就匆匆趕回北京，守候一週，送走了母親。辦完喪事，父親年初動腦顱延管瘤術後因不良反應再次入院治療。料理完這一切，我又得趕回美國接回暫寄住在友人家的兒子和領取畢業證書。

六月十六日，在返美途經香港時，由我學術生涯的貴人、摯友袁明帶領，我們首次拜見了南老師。一見面，老師就看出我和王苗面帶戚色，遂為我們寬心。臨別前，老師簽名送了一套《論語別裁》並遞給我一個紅包，說：「窮家富路，出門多帶點，家人放心。」結識老師，於大悲之中得到了大喜。從此，我們又有了一個家——安頓心靈的家。

二十年來，從香港堅尼地道，到上海番禺路，最終到了江蘇廟港的太湖大學堂，我們總有一座心靈歸處的家園：困惑煩惱了，有地方去傾訴；高興歡樂了，有地方去分享。去見老師就是回家，回家成了我們生活中最重要的內容。

現在老師出遠門了，去了很遠很遠的地方，帶走了我們對他無窮的思念。夢裡時時相聚，醒來常常縈繞。受他恩惠與啟迪的眾生們以他們的領悟、得道、傳承伴著老師遠行，這不也是一種「富路」嗎？

送別恩師

九月十九日晚，我得知老師由上海的醫院轉回太湖大學堂，氣住脈停，主動入定。我二十日一天寢食不安，心神不寧，遂於二十一日乘早班機飛上海，中午時分抵大學堂。學堂依然如舊，一邊是八號樓內孩子們的書聲朗朗，院內的學生們習武遊戲；另一邊是主樓的肅靜莊嚴，為數不多的同學、工作人員在迴廊穿行。同學見面，悲戚沉重，食堂主桌空空的，主座仍留在那，但不再有老師的身影。老師在臥室禪定，樓外已在施工荼毗爐。氣氛凝重、心情凝重。二十二日早上同學們聚集在禪堂為老師念經。我坐在迴廊，遙望老師居處，二十年來的往事一幕幕地在腦中迴蕩，即拿筆記下了當時的感受：

陰霾細雨　青瓦白牆擔憂思慮企盼心境

朗朗書聲誦經傳情　身軀入定　聚氣凝神

三陪老人　世事洞明九四頑童遊戲人生
儒釋道法融會貫通古今中外　渾然天成

解疑釋惑　潤物無聲坐禪打七如沐春風
護佑禾苗　四代感恩　慧根因緣　精神永恆

頭段寫了當時在大學堂的感受，二段寫了二十年來對老師的認知，第三段則寫了老師對我們永遠的恩情。近兩年老師眼睛不好，在講評同學們寫的報告時，似閉目凝神，一動不動，但會突然睜眼打斷讀報告的同學，指出報告中引用典章、辭句的錯誤。我當時就想這要花老師多大的氣力呀！用耳聽比用眼看出錯誤不知要多花多少倍的力氣，費多少倍的神。說來容易做來難，老師就是心血費盡、耗盡，為了我們這些芸芸眾生早開竅、早得道，小則惠及個人家人，大則益於民族與國家。「春蠶到死絲方盡，蠟炬成灰淚始乾」，此時此境才真正體會到個中的意味，不禁心痛如絞，淚如雨下。

二十二日，護持小組做出再觀察七日的決定後，當晚我與海英搭伴飛返北京。人上了飛機，心仍在大學堂，看海英一路流淚，我心戚戚然。回到麗京花園，這是剛入住半年的家。家門口亮著燈，透光映出「禾苗居」三字，這是老師特為我們的新居題寫的。我與王苗長年在香港工作，回京後則到父親家同住，六十多歲了還沒有自己的居所。年初終於建成了我們第一個居所，取何與苗的諧音，又暗含父親一輩子從事農業，定名「禾苗居」，那是老師親筆手跡。

回京後我們請八十九歲的老父親書寫了輓詞「四代人受惠南老慈悲恩情長駐，禾苗居沐浴名師智慧因緣永存」，大家簽名。算下來何家及親友三十多人、老少四代都感受過老師的恩情與啟迪。同時讓陳小魯之子陳懋公（原名正國，由老師改為懋公）製作祈福卡，由老師給起名字的第四代、重孫兒們簽名。老師為懋公兒子起名陳厚全。孩子的奶奶感到名字土氣，想改一個，豈知在起名網站查找結果，陳厚全三字得分都是最高，小魯直呼神奇。老師荼毗之日，由何昭代表，帶著輓聯、祈福卡前往太湖大學堂為老師送行；而身在佛國不丹的我們，攀上虎穴寺，在蓮花生大師處，點燈誦經，為老師祈福；王苗為老師拍攝的大幅照片高懸在大禪堂中央。

小項羽幫

追隨南老師二十年，從來不願也不敢在外面稱自己為他的弟子，因為自知離他老人家對我們的期望差得太遠了，稱弟子有辱師門。剛認識老師時，老師戲稱我們為小項羽幫，因為當時常登門拜訪的陳知涯、陳知庶、來辛國、陳小魯、秦曉、鄧英淘、王小強……，和我們一樣都是幹部子弟。看起來老師是貶我們，說這批子弟志大才疏、有勇無謀，鬥不過草根出身的劉邦，最後落個烏江自刎；實際上是老師的激勵，對子弟抱有希望。他認為項羽有俠氣、義氣與正氣，從人格人品上高出劉邦一籌。但要有所為，還得放下身段，學習真本事、真學問，吃得苦頭、經得摔打，才能成就一番事業。

老師說小魯是子弟中活得最瀟灑的；老師得知英淘、小強欲探通天河，再造中國，立即慷慨解囊，資助兩位作大江行；他甚至想剃度涯子，收為入室弟子。其實凡有抱負、想有作為的年輕人，都會得到老師的教誨與提攜，不分貴賤，莫問出身。他常感嘆一個國家、一個民族的衰敗是從沒有人才開始的，清末龔自珍這兩句詩「沉沉心事北南東，一睨人材海內空」，常被老師引用。老師奉其一生，傾其心力，為我們這等後生解疑釋惑，身體力行的感化如潤物無聲。

一九九三年，我告別所喜愛的學術研究工作，準備下海與陳小魯一起創建標準國際投資管理公司。我在中國社會科學院美國研究所從事中美關係史方面研究已有十年，先後兩次赴美進修與研究，交了許多學術界的朋友，也取得了一定的成績，還小有點名氣；而對經商，由於父親在農業部門擔任領導，我從來未沾手過一單生意，既無經驗又無人脈更無資金。王苗極力反對，認為儘管社科院的研究環境不理想，但畢竟是個鐵飯碗，快奔五十歲的人了，下海太過冒險，為此我們大吵一夜，然後我們去請教老師。南老師很替我惋惜，後來還常對人說，何迪是個熱心學問之人，下海經商，實非所願。

但他看我決心已下，於是專門給我講了「天下第一拳」的故事。北洋時期張作霖派黑龍江督軍吳俊升，作他的代表常駐北京。吳到京後，拜見各衙門、碼頭，不論大小，見面就作揖，說：「我叫吳俊升，初到北京城，人不識一個，全靠諸老兄。」一如此半年，吳的公關大獲成功。老師說你要經商，我就送你這個「天下第一拳」，遇事遇人都先放下身段，多問多學多求人。後來老師告訴我，這個故事是為我量身定做的，一來是個做學問的人，難免自視清高，二來是高幹子弟，難以放下架子，這都是商場之大忌。在我們自創諮詢公司，而後又進入瑞士銀行的十幾年中，也算取得一些成績，但在成功之時，我都會想到老師給我上的第一課。

參加禪七

打七是老師給學生坐禪靜心、修身養性、開慧根、釋疑惑的大活動。

一九九四年，因剛下海，商務纏身而未能參加在南普陀的打七活動；二〇〇三年在義烏為支持雙林寺的重建，老師再次「打七」，我只參加了最後三天；二〇〇九年九月十三～十九日，老師在太湖大學堂舉辦第三次「打七」，通知上註明：為專心學習，靜心修煉，在「打七」期間不得打手機、辦商務、看電視等等一系列規定。因我平時總藉口出差、居無定所、難以堅持坐禪修煉而未能認真聽講、學習、修煉過，這次機會難得，更何況宏達講老師今後可能難再舉行這種規模的「打七」活動了，所以我決定報名參加。剛到大學堂，素美姐就告訴我，老師知道我報名了，還問我到了沒有。

進了禪堂，開始老師先教我們坐禪入定的基本要義，而後是四十分鐘的打坐，然後起而行香。老師手持香板立於中央，香板一拍，大家站立，聽老師「講解」。行香時要「舉足輕如靈貓捕鼠，下足穩如泰山壓頂。」在行香之中，我不知道規矩，冒然離隊向老師請安。老師雙目睜睜，視我無物，完全不像平時相見之和藹可親，我心一驚，馬上歸隊。而後七天，天天老師近在咫尺，但不敢再趨前問候，使我感受到老師威嚴的一面。

開始前四天，坐得我腰痠腿疼，腦子裡如脫韁野馬，難以入靜，只盼引磬一響好舒緩手腳。老師傳授了呼吸法「呵、呼、噓、吹、嘻、呬」六字訣、十六特勝……後三天自感漸入佳境，不再腰痠腿疼，而是渾身舒暢，腦清目明，達此意境後心似特別敏感，老師講的話，得感悟處，會不期然而淚下。在老師講完懺悔文：「往昔所造諸惡業，皆由無始貪瞋癡，從身語意之所生，一切我今皆懺悔」，由宏忍師帶領大家唱誦之時，邊唱邊流淚竟然難止。七天下來，真感到了「坐禪打七，如沐春風」。

今我更感動難忘的是老師以九十一歲高齡，從早十點至晚八點為大家講課，經常是手持香板，站立而言，既無麥克風又無座椅，一講常常是半小時。老師是用自己的生命為弟子授業，使我體會到什麼是「大慈大悲，普度眾生」的真正含義。七日結束後，老師到茶室接見了我們。一見老師，我禁不住拉住老師的手大哭起來，當著眾多同學，也不覺失態。說不清是七天裡日日見老師而不得交談委屈而哭，還是心靈感悟受到老師精神的巨大震撼而泣。老師又回到往常的和顏悅色，一邊給我拿紙巾抹淚，一邊說：「沒想到你來，沒想到你能堅持七日。好，好，好。」聽了老師的表揚，非但不覺高興，反更覺慚愧。自我母親去世以來，不記得我有這麼放肆地哭過。老師的話「諸惡莫作，眾善奉行，因果報應」刻在了心上，他講：「幾十年的階級鬥爭教育，使人防人，心胸太狹而無平等之心，不敢相信別人，也不相信自己。這一代人生於憂患，死於憂患。但是要記住因果報應，要為下一代奠定基礎。」「離開這個禪堂，永遠有個影子在心中，很有好處」。

下海又上岸

二〇〇八年，在步入退休或退至二線之時，秦曉和我決定成立一個獨立的智庫——博源基金會。在之前，曾向老師彙報過，老師對我能重返學術感到由衷的高興。他多次讓我動筆將自己的經歷寫下來，他說：「這就是中國的活歷史，馬上開始做，每日二百～三百字亦可，因為老之將至，待到記憶衰退，老眼昏花之時，想寫而無力，無情，則悔之晚矣。不要想做大文章，可信手拈來，隨性而做，否則將會落筆難，成文更難，手澀思頓，犯眼高手低的大忌。」一九九三年下海，老師教我「天下第一拳」，二〇〇八年上岸，老師對我學術、寫作的難處判斷準確極了，教我動筆，由簡至繁，由易而難，實是重操舊業的捷徑。

在中國辦智庫難，辦成理性、包容、開放的智庫更難，辦成獨立而又有建設性的智庫難上加難。二〇一一年初，秦曉和基金會遭到一些人的攻擊以至誹謗，傳到了老師那裡。四月十八日秦曉、陳小魯夫婦和我們一起去大學堂。晚餐後，只剩下我們幾人之時，老師一改過往的談笑風生，而是很嚴肅地批評我們「太平日子不會過，找罪受；拿出錢來買煩惱」；他講「千古為治者不在多言」；不能「自慢」，自以為比人高明；他又講到項羽幫，是公子哥，逞一時之意氣，其實「君王切莫憂巴蜀，稱伯由來非蜀人」；讓我們不要太荒廢精神，去爭一時之短長，而要沉下心來好好讀書做學問。他說「世事正須高著眼，宦情不厭少低頭」，少低頭有兩解，不屑於低頭或低一下頭；隨行的金路冒失地說，現在的中國總需要一批公共知識分子站出來說話。老師厲聲說：「誰是公知？我不是，秦曉你是嗎？不要把自己白白犧牲掉。」除了批評，還有鼓勵。他說「能受天磨真鐵漢，不遭人嫉是庸才」；並用他十三歲時就已背熟的，石達開致曾國藩詩中句子來勉勵我們：「儒林異代應知我，只合名山一卷終」、「起自布衣方見異，遇非天子不為隆」。像東林黨，儘管遭受宦黨迫害，但其清議留下了對時代的看法，讓我們不要去理會攻擊，大丈夫能屈能伸。

這是我記憶中老師最嚴厲的一次批評，批評的背後是一種深切的關愛，他深知政治之險惡。他常說，歷史並無對錯、是非，只有因果、報應，不希望我們事未辦成身先死。他講了東林黨人後代侯方域的故事，侯方域、陳貞慧、方以智、冒辟疆皆為名人之後，稱明末四公子。他們組織復社，抨擊明末政治昏庸、國家衰敗；而在清軍壓境勸降之時，侯又為抗清名將史可法起草了〈覆多爾袞書〉；侯方域與李香君的愛情穿插於明末清初的時代大變局之中顯得格外動人，由孔尚任寫的《桃花扇》成為不朽名作。其中李香君的以死相爭，血染紙扇，艷若桃花，明裡顯示了對愛情的忠貞，暗裡隱含了對氣節的堅守。我當時就想起了「文革」中以死相拚的第一人——鄧拓，他在參觀東林學院後寫下：

東林講學繼龜山　事事關心天下間
莫謂書生空議論　頭顱擲處血斑斑

老師的良苦用心，說我們是小項羽幫，老師是恨鐵不成鋼！

小魯第二天寫了：有感南老教誨，撰一對聯，與秦、何兄共勉，「萬景眼前過問何人可知天命，千慮心中生唯智者能觀自在」，橫批：「道法自然」。老師看後，大加讚賞，說沒想到小魯有這等文采與悟性。

老師的大智慧，老師的大慈悲，深深地感動著我們，永遠地牢記在心。

平凡中的偉大

廣樹誠
聯合國開發計劃署絲綢之路項目負責人

從詢問電話到擔任副總幹事

記得一九八一年春，我參與重組「中華民國滿族協會」時，恰好正在閱讀《靜坐修道與長生不老》，書中以平易近人、真誠扼要的風格，說清楚講明白了一般外行人難以瞭解的、古文化中的大道理，令人極為讚歎。

為了進一步瞭解南老師其他著作，撥了電話到老古出版社詢問。接電話的是位老先生，親切地以江浙口音的國語，告知十方書院開了佛學課程。就此，展開了學習之旅，企圖探求生命真相。

事後方才知道，當時接電話的長者，就是南老師，而且老師對我在電話中的禮貌，還頗為讚賞。因為清朝時滿族人很重視禮節，後來，老師還經常要我當眾示範三跪九叩的古禮，並表示這是「禮失求諸野」的典範，因為我是滿族血統。

但我對此表達過不同意見，認為滿、蒙、韓、日等通古斯民族，自古就已重禮，並非全自漢地學得，也因此至今仍然傳承禮數與規矩。老師聽後，不但沒有不高興，還呵呵大笑說：「對呀，也有道理。」

回顧和老師親近的日子，他在日常生活中，最謹言慎行、持守不懈的，就是進退應對的禮儀，也常以此來判斷人的德行。

等到正式到書院上課之後，更感覺這位風度翩翩的長者，身材清瘦、個子不到一百六十公分高，仙風道骨中卻又透露出掩不住的風流瀟灑，身著一襲飄逸的中式長衫，總是飄揚出一種淡雅的清香。

老師講起課來，更是幽默風趣、深入淺出、峰迴路轉、引人入勝。讓人聽得既欣喜又感動，特別是刻劃人性之處，令人不覺開懷大笑，過癮極了。

當時，我正面臨人生重大抉擇，苦於考慮應出國讀書？還是繼續從事絲綢生意？因此，當聽到深刻而詼諧之處，不自覺地相應而笑開懷，此舉有時惹來部分同學皺眉撇嘴，心中雖覺有趣，但也暗暗擔心，恐怕老師也會嫌我唐突。

但是未料，有天上課早到，先到辦公室詢問問題，卻碰見老師和朋友、工作人員等吃晚餐。見到我後，居然招呼我一道兒用餐。從此，我也就大咧咧地賴上了，經常到點露面打牙祭。這時候我才明白，老師並不介意我在課中大笑，反而覺得那是我有所會心的反應，而且能夠坦然自在。

在上課與吃飯的過程中，老師進一步瞭解了我的情況，因而指點迷津，要我一方面申請學校出國進修，而在確定之前，可以擔任東西精華協會的副總幹事。就這樣，我從一個陌生的來電詢問者，變成了老師身旁的工作人員。

由此經驗，可以見識到老師用人多元包容的氣度。

七十萬元與哈佛大學

在辦理申請美國大學研究所時，需要推薦人，老師知道後，竟然主動表示可為我寫信推薦。這對我能申請成功，發揮了關鍵性的一步。

收到哈佛大學區域研究所的入學許可後，我向老師報備請辭，也開始積極辦理出國手續。一天，老師問我出國事，當我告知正在處理售屋，以便辦理結匯時，老師表示需要多少周轉金，以便及時完成結匯？

當我回答需要大約六十三萬時，老師立即轉頭向會計小姐說：「打開保險箱，拿六十三萬給廣樹誠！」這真讓我大吃一驚，完全沒有料想到老師會有這樣反應。

但是，震撼之餘，「惡從膽邊生」，因此也就「打蛇隨棍上」地，開口向老師說：「既然如此，老師就乾脆湊七十萬給我好嗎？」老師表情一錯愕，隨即笑眯眯地問我為什麼？我說：「齒牙破損多顆，缺錢修補已久，想多借點錢趁機補全。」老師一聽，哈哈大笑不止，立即下令湊足七十萬，點交給我。

過了數週，房屋賣出後，我就提著錢袋到協會。剛進門，老師遠遠看到，就大聲說：「裡面的利息拿出來，不收！」這又讓我吃了一驚，想到老師還真料事如神，知道我會附加利息，但也暗自捏一把冷汗，想到倘若沒放利息的話，這下子還真難為情啦！

這段經驗充分說明了，老師對有志讀書做事的人，那種慷慨解囊相助之胸懷與氣魄。事實上，老師不但對我後續申請獎學金，持續幫助外，還贈送《朔方備乘全集》等書籍。對我這樣一個陌生人，為何如此全力栽培呢？其實，南老師當時早已見到，邊疆問題將成中國發展的瓶頸之一，因而期盼能為中國發展，多培養出一些邊疆民族的人才。

只可惜，我到今天都還沒能達到老師的期望，真是慚愧之至。但是如此開闊的思維及風範，讓我感動至極，促使我改變了不少對漢民族的成見。影響所及，使我後來在聯合國及邊疆事務，參與若干關鍵性議題時，都發揮了微薄之力，從多元民族平等觀的立場，也站在漢族的立場，向其他「非漢民族」的朋友，提出許多澄清與解釋。

喜怒哀樂見真情

老師不止在講座上幽默風趣，其實在生活中也一樣精彩。而且，人前人後完全一致，永遠自在輕鬆地參與世事，而無差別。同時不但再三聲明，不要學生妄稱神通與悟道，而且身心狀態坦然呈現，毫無絲毫矯情做作。

老師對於各種宗教都予尊重，對基督教牧師、天主教神父及修女講聖經，都極為讚賞，而對伊斯蘭教徒的虔誠，及道教與民間信仰，也都以尊重之心平等相待。

生活中，在飯桌上，不但喜歡說笑話，也喜愛葷、素不拘地，聽我俗話連篇的笑話，為的是讓大家輕鬆愉快。但是對於公義與是非曲直，則絕對嚴正不苟。有時發起正義的怒火來，也還真是忿怒金剛，讓當事者驚心動魄、肅然起敬。

老師雖然律己極嚴，但對別人的關懷，真是細膩無比、感人肺腑。不但幫學生看病、送藥、解惑，就連路人與鄰人也都尊重與照顧。舉例來說，不論在臺灣或國外，在居住辦公室等行走處所，隨時注意並維護環境的安全與整潔，就連電梯的管理，也要求自己和學生應當遵守，到了自己指定的樓層後，要將電梯操作送回一樓，以方便其他乘客。

至於接觸三教九流的朋友，也一視同仁親切真誠、平等以待。每當別人向他行跪拜大禮時，除非因應宗教儀禮需求，否則他決不單方受禮，必定立即同時向對方行跪拜禮，保持平等互動關係。噯！光就這一點，足以讓當今許多大師們，好好省思一番了！

換言之，老師在行住坐臥間，全在修行中，卻無修行的形式樣貌。回顧起來，你可能不儘然瞭解或同意老師，但卻見不到他一絲虛假，該說、該做的都見證得到。真是不打妄語，處處留心，眾善奉行在無形中。

整合與創新文化觀

從南老師創立東西精華協會就可看出來，南老師一直倡議整合中外古今文化精髓，以為全人類服務。因此，若只將老師定位於「儒、釋、道大師」的話，容易落入以偏概全的失誤，而遺漏了他對全人類文明的關懷面貌。憑心而論，自古至今，能揮灑自如縱橫古今學問，並整合各類文化於一堂，又已影響億萬中文讀者的人，應該以他為第一人。

其次，他對艱深古文化的創新解讀，開啟了空前的思想新視窗。就以《論語別裁》、《靜坐修道與長生不老》兩書為例，其中論點真讓讀者瞠目結舌、大開思路。因而讓此一世代的學子，從文化冷感轉為文化熱情，他老人家的功德實不可沒。

雖然，南老師的等身著作，確也引起部分學術界、宗教界一些人士，對其中創新的詮釋和觀點，視為異端而不願全然接受。然而自古至今，在人類思想發展過程中，各宗教與思想的派別間，一直存在不同觀點，論斷及非議新詮釋，這也是社會人類中的自然現象。

但是，倘若論者換個角度，以南先生所持的人類文明總體觀，以及超越宗教及哲學宗派的大視野，重新審視他的思想體系的話，當可理解到他那種

「學問為人服務，而非人為學問服務」的特色。

就這幾十年來，對兩岸「文化的再詮釋」的熱潮而言，南老師的確深刻地啟發了、全然顛覆與更新了新一代人對文化的認識與認同。發展至今，所謂「文化創意」的崛起，南先生所引發的文風與思想效應，當為後人所肯定與稱頌吧。

尤其，當人類在二十一世紀面臨巨大變遷之際，所需要的不正是能夠整合新與舊，而能因應當代問題，具備創新特性的思想與觀念嗎？

所以，與其從某個思想或宗教派別的角度，站在過去時空背景下，審思南先生的詮釋與論點，倒不妨由宏觀的視野去理解，其為因應新時代需求，而將人類精神文明精華，加以時代性的包裝與新意的發揮，以期對讀者有所啟發，可謂用心良苦。

由此觀之，南老師一生作為，將有可能給後世留下的印象，就在他是位「整合新與舊、中與外文化，再創新觀念、新知見」的劃時代思想家吧！

為中華文化尋根　為中華民族安心立命

南老師畢生強調文化，但以整合創新為特色，正是他老人家面對中華民族生存發展需求，所提出的安心立命大法。回顧其一生，真是投入畢生心血，夙夜匪懈地閱讀、寫作、演講、授課及隨機點化和幫助人，就是為中華民族整合古今文化精華，以能為當代及未來世代，找出安身立命的精神根基。

雖然這種對文化重要性的理解，在社會上也已漸成風氣，但是就過去幾十年的發展記錄來看，南老師不但在民間教導學生，也以特殊魅力、風範與因緣，影響各方領導人及關鍵人士。及至今日，業已產生無法忽視的巨大影響。

因此，南老師應是最有影響力的推動者之一，加上他的著作言行，早已以深入淺出的風格，風靡當代漢文世界，激起億萬知識分子重新認識及思考民族文化定位及發展的問題。因此，我們有理由相信，後世對他的歷史印象將會把他視為，「促使中華民族務本歸元、安置心靈軟體的主要推手之一」吧！

超越宗教及民族鴻溝

南老師不是出家人，但是由於許多人對他的期望與幻想都高，加上國人往往落入「尋找神通上師以及批判從苛」的習氣，因此若發現與自己想像不同者，就會以宗教性的最高標準，振振有辭地提出非議。這對他老人家而言，其實相當不公平。

回溯歷史人物或宗教界居士大德，許多未曾出家，也從未收受任何形式的供養，卻經常大量地付出各種布施。因此，不必以出家規範要求南老師。真要比較的話，佛教的維摩居士倒是近似的先例。然而，若願以平常心審視的話，既不必視南先生其為仙、佛，也不必苛求其不可有常人情事。因此，何不尊重他老人家意願，以平凡人之心看待？

若能改換此一角度再看南先生的話，就會發現其以在家文化人之身，短短數十寒暑間，憑個人生命力，提供漢文世界，有關儒、佛、道文化的等身述作。還從四十年代開始，與自由出版社的好友蕭天石先生，共同出版無數珍貴的佛、道經典與法本，和許多高僧大德一道兒，促使臺灣成為全球復興佛、道文化的聖地。

除此之外，南先生還為超越宗教及民族鴻溝、融合科學、哲學與宗教於一爐、打破門戶成見及思想格局，孜孜不倦地致力於各層次的教導工作。並以企業家之身，平日經營貿易及文化事業，並且不惜代價地創建金溫鐵路，樹立民間建設大型交通項目先例，以及籌辦太湖大學堂，以為國家民族培育未來所需人才。回顧這些開創性的劃時代成就，種類和數量居然如此眾多，著實令人驚歎不已，足以讓許多修行人欽佩與慚愧。

結語

最近，在一次同學會中，熱烈討論老師行誼時，有位同學提出「過去幾十年裡，只要有同學表示，願全心學佛修道的話，南老師是否必定全力支持到底？」

頓時，大家一片寂靜。待回過神後，全都確認老師必定歡喜、尊重而支持，絕無例外。

接著，又提出了兩個問題「我們為南老師作過甚麼？」以及「南老師教我們如何修行，我都做到了嗎？」在一段更長的寂靜後，大家都頗為慚愧地承認，我們大多都沒做到。

回顧起來，我所見到的南老師，從未以直接或間接方式標榜自己的德行與悟道，也從不認為或聲稱自己是大師。但卻處處從心所欲而不踰矩，實實在在、分分秒秒地，將道理落實在生活中每一個細節中。因而，雖然在外表上彰顯出的，只是一位慈祥幽默風趣的平凡長者，卻在一切時中，行出道法來，讓我們充分感受到，在他平凡的生活中所放射出來的偉大。

謝謝恩師　南公懷瑾老師！

我給老師拍照片

王苗
香港中國旅遊出版社副社長兼總編輯

拍照要出神入化

老師稱自己為「三陪老人」，其中一陪是陪拍照。期望留下與老師相聚的瞬間是許許多多學生的願望，當然也有慕名而來的，老師總是擺好姿勢，滿足拍照者的要求。而真正能給老師拍個人照的，我可能是最幸運，也是拍得最多的一個人。

第一次給老師拍照是一九九四年，在香港堅尼地道的四樓會客室。在這之前，有一位商業攝影師為老師拍肖像照，又打光又化裝又讓老師擺姿勢，整整擺弄了一下午。照片中規中矩，當然非常漂亮，成為在大陸出版物中老師的標準照。而我去給老師拍照，是隨機抓拍，趁老師與客人聊天時，抓拍下老師不同的神態。老師後來老拿我和那位商業攝影師作比較，說王苗照相不擺佈我，而是隨著我轉，左一下右一下，不知不覺中就完成了。其實，也並非不擺佈老師，但擺佈的不是我，而是李青原。

第二次拍照是幾年後，李青原請我拍她向老師學九節佛風。現在看當時的照片忍不住都會發笑。青原給老師梳頭整裝，素美姐給青原糾正姿勢，老師在一旁指點；老師教功時一指按一鼻孔，讓另一鼻孔噴氣，青原照樣模仿，我們後來笑稱老師在教鼻涕功。這兩次所拍攝的照片，老師非常喜歡，同學們也說把老師真正的精氣神都拍出來了。在老師靈堂上掛的那張就是這次拍攝的。

第三次拍攝是二〇〇一年，我們隨老師由上海長發花園出發，中途在松江陳定國夫婦家休息，然後抵太湖大學堂的工地。同行的還有陳峰。到了工地一看，滿地荒草中間只挖了一個大坑，是主樓的地基。何迪與陳峰咬耳朵，金溫鐵路剛收手，老師又在廟港大動工程，這麼大片地方何年何月才能完工？陳峰是辦企業的，知道土木工程之不易，有多少關係要疏通，有多少工序要操心，設計圖紙和模型已幾易其稿，我們都擔心老師不要累壞了。但老師那天心情很好，精神抖擻，步履輕盈，哪像一位八十多歲的老人？他率領我們視察工地，又帶我們走上湖邊長堤。長堤小道兩邊綠樹林立，長堤外湖水漣漪，老師從長堤走來，我按下快門。照片上的老人是那麼開朗、自信，真有一種「不管風吹浪打，勝似閒庭信步」的氣派。何迪也為我和老師合拍了一張，後來將它裝貼在我六十歲生日的紀念冊中。沒有老師，哪有大學堂！老師就是大學堂的主心骨，大學堂的魂。

第四次拍攝是二〇〇三年在義烏，老師講修心養身，坐禪打七。當時雙林寺尚在修建，只能在寺外搭建臨時的帳篷房。同學們從杭州往來，都由王曉初請中國移動浙江公司的大麵包車接送。除了派車，在打七結束後，還在杭州的樓外樓安排大部分參禪學員們午餐。老師始終記得這件事，一提到電信公司，就想到曉初的幫助。當時正值初春，春寒料峭，老師從早上9點開始，講課帶功，由於地方所限，無法行香，老師一坐就是2～3個小時，講課有時到晚上。這次講課後，老師大病了一場，據宏達說老師是大大透支了。我全程參加了打七，我的任務就是照相。這次應該是老師打七坐禪講課環境、條件最艱苦的一次，但為了支持雙林寺的修建，為提攜熱心其事的住持體悟尼師，就像佛經裡所講的捨身，老師是在用生命普度眾生。

最後一次拍攝是二〇一一年四月，是宏達主動約我，說老師身體情況不如從前，眼睛功能退化，來給老師拍拍照吧。近幾年在大學堂拍紀念照，大都在晚飯期間，但老師眼睛怕光，晚飯時餐廳的燈光調得很暗，又不能使用閃光燈，我就抓住開飯前老師由辦公室來餐廳的路上，在迴廊中利用夕陽的餘暉給他拍照。在晚飯前，我就蹲在迴廊邊上，老師拄著拐棍走來時，我就抓拍。老師一看我在拍照，還主動配合，有意放慢步伐。在老師去世後，我放了張當時給老師拍的一米五的立幅大照片，放在禪堂門口，彷彿老師並沒有離我們遠去，仍像往常一樣，我們來時，他總起身相迎，我們走時，他總起身相送。老師啊，您的影像可以留在照片裡，您的精神、關愛卻永遠留在了我們的心中。

媽祖廟的故事

作為攝影記者，我跑遍了中國幾乎所有的省市，名山大川、民俗村落與文化名勝。老師愛聽我拍攝中的見聞與故事。

八十年代初，我和同事在福建沿海採訪，到了湄洲島，台辦的人說：我們遇到難事了。原來，老有臺灣漁民偷偷上島，到媽祖廟燒香。而這個媽祖廟旁邊有一個軍事禁區，部隊決定拆掉這個廟，拆了廟臺灣人就不來了。這可是媽祖的祖廟呀。於是，我去找了當時的福建省委書記項南，把這件事告訴他；我還寫了內參，結果是部隊被遷走，媽祖廟留了下來。現在這個島上香火旺盛，成了著名的旅遊地區。媽祖像還被請回臺灣一次，成為當年的一件盛事。後來，我在出行採訪中好多次化險為夷，莫非是媽祖在保佑我？老師聽了這個故事，以後逢人便介紹我是救過媽祖的人。

老師說人文地理

老師的關心不僅僅是對我個人，而且是對我事業的支援，因為它和中國的時代變遷、文化傳承、百姓生活、人生感悟相聯。二〇〇一年他為我主編的《華夏人文地理》作獻言，他寫道：

人文地理，乍看好像是一個新型的名辭，其實，它是人類文化中久已被人忽略而遺忘的學識，尤其在中國的傳統文化中，早在秦漢以前，已經特別重視。即如儒家傳統經學所謂「群經之首」的《周易繫傳》裡，便已提出「方以類聚，物以群分」人文地理的綱要。演繹言之：從地球物理的時空方位來講，人文和生物，在不同的時空方位，便有不同的生態，然後才有一群一群不同種類的文化形成。因此，在地球上有南北東西，五大洲，山川海陸，配合經緯度寒溫變化的各各差別，形成人類種性等生活習慣人文文化的異同。

他列數了中國歷代名書典籍中對人文地理的記敘，感歎：

王苗與我相識多年，平常他們伉儷和我過從，間或談到人文文化衰落的問題，便有無限的感慨。現在她果然不出我的期望，欣然接受她的摯友靳劍生、楊福泉先生力邀，出任《華夏人文地理》雜誌主編，與共同有志和有興趣的同人，為張揚華夏大地的人文精神而作貢獻。故不揣迂拙，略述所思，以應所囑。

同年，我準備首次出版關於人文方面的自選畫冊，又煩勞老師作序。老師親自將畫冊取名為《世間人》，在序中闡發了另一篇大道理。他寫道：

世間人、人間世、人世間，這是以三個個體中文字構成的三個辭句，從表面看來，似乎完全一樣，但從中文文字學的邏輯來講，它的主題與附屬的涵義和境界，卻又完全不相同。人間世界和人的世間，都是以人為主題，世間和世界，只是附屬於主題的時空表態。至於世間人，則以時空環境為主題的境界，以人類的人事變遷活動為主題的中心，亦即中國傳統文化所說的「天地人」謂之三才，是以人為天地間的軸心之人文意義。

但何謂世間？何謂世界？唯在佛學中特有演繹歸納的邏輯涵義，最為精到。佛說世間這一名辭，它包涵了有時間性的過去，現在，未來的三世間；同時又有「器世間、國土世間、眾生世間」三個內涵，甚之又外加一個「聖賢世間」，共為四世間的定義。所謂「器世間」是指物質的世界。「國土世間」是指地球上的各個土地、人民、政權所建立分列的國際。「眾生世間」是指人類和物類的群體存在。至於「聖賢世間」是另從人文意識，或哲學和宗教的觀點，特別設施的一辭，應該另當別論。

由此而知中國文藝中常用的詞句，便有「林林總總、芸芸眾生」的名言出現，實亦概括由繁而簡的文藝美術用辭，用這八個藝術的形容辭來說明世間眾生相的錯綜複雜，美和醜，長和短，大和小，一概歸之於美學的範疇而已。

然欲在此上下五千年，縱橫十萬里的全球世界中，試用文字或繪畫來記述，或說明「世間人」的演變經歷，簡明恰當，並非易事。我認識王苗女士夫婦多年，每於茶餘飯後，面對這一雙賢伉儷，閒話家常。王苗每常出其多年來行萬里路，自行攝影的藝術照片，藉以說明她曾親自往返絲綢之路，以及康藏高原，乃至海內外等地的經歷，對於古今中外「人世間」的演變感喟，足以發人深省，啟迪遐思不已。是以在其創辦《華夏人文地理》雜誌，及出版《世間人》，以饗學者及同好之際，即為敘其緣起如此云爾。

老師教我放下

十年後，為了我六十歲生日，全家人動手編了一本彙集親友賀辭的紀念集，何迪親找老師題名。老師題寫了「王苗女史，友誼情懷花甲壽，雪鴻爪跡印春泥」，落款是「九四齡童南懷瑾」。我生日當天，何迪捧出這本裝幀精美的紀念冊，有南老師親筆所題的名簽，給了我太大的驚喜，感受到慈父般的溫暖。後來，我帶著這本獨一無二的紀念冊來到老師身邊，他用剛動完白內障手術後的雙眼，很吃力地看了畫冊中我與他老人家於二〇〇一年在太湖大學堂湖邊大堤上的合影，還讓我為他唸了其中部分賀辭。聽到動情處，老人家笑得眼睛眯成了一條縫，連說：好，好，好！並讓馬上給他複製一本。

南老師是我生命中十分重要的一位長者。無論什麼時候我見到他，他都是那麼祥和淡定。每隔一段時間我都會去看看他，已經成了習慣。我有時候辦事太認真，遇到一些不順心的事，就會煩惱急躁。這時南老師就會教我「放下」。遇到什麼事情，老師總是微笑著說：「沒事了！放開點。」他教我遇到問題念「準提咒」。奇怪的是，念著念著，真的我就靜下來了。我現在養成一個習慣，飛機起飛和降落，我就不由自主地在心裡念「準提咒」，保佑我出行順利，一路平安。老師還給我題錄了王陽明的詩：

險夷原不滯胸中　凡是浮雲過太空
波靜海濤三萬里　月明飛錫下天風

我把它掛在辦公室座位後面的牆上，時常看著它。人如果能夠達到這樣一種境界，還有什麼事放不下呢？我希望像老師那樣永遠平和而從容。

為寫這篇懷念文章，我們整理筆記、燒錄照片、回憶往事、追尋細節，我們想念老師，想得好心痛。這種思念之苦、之痛是無法用文字表達的，我們正體會著什麼叫「刻骨銘心」、「永誌不忘」啊。

如果沒有那一天晚上

登琨艷

臺灣建築設計師

時髦新衣換長袍　只因明師來說教
我本紅塵弄潮兒　緣何禪堂把磬敲

——改自清順治皇帝詩偈

二〇〇一年的四月九日下午，臺灣來的建築界前輩沈英標先生打電話給我，說南老師要請我吃飯。乍聽之下，我以為自己聽錯了，還請問是哪位「藍老師」，抱歉我不認識。他說是臺灣的南老師。我說不會吧！是那位講佛法的南老師？不要嚇我了。後來知道老先生是為建築太湖大學堂的事情來的，結果老先生所說的話，對我而言就是法語。

那天晚上所發生的事，我永遠忘不了，而且歷久彌新，但是後來我常在想，這是真的嗎？我本是一個紅塵都會弄潮人，只是因為那夜聽聞老先生來我住處說法，我的人生從此大轉彎。世間是有回頭藥，只怕人不吃，吃也一念，不吃也一念。問題是誰有回頭藥可以給你吃，而且你還願意吃，當下就吃。

感謝英標兄的記事本還清楚地記著那一天老先生來我住處的事。

就當作是真的吧！可惜已經如夢如幻，如來，又已如去，好像曾經有過那麼一個晚上，可是如果沒有那群尚且健在的學長，現在說來已經不會有人相信了，連我自己都懷疑是不是真的曾經有過那麼一天晚上。即便多年後，我膽敢又聽話地回到老先生座下學習，我還是懷疑自己的生命裡，是否真的曾經有過那麼一天晚上，總是越想越不覺得那是真的，可是自己卻扎扎實實每天坐在老先生面前。乃至後來自己搞得日夜顛倒、晨昏不辨，我仍然會懷疑是否真的有過那麼一個晚上，是否老先生曾經來過我蘇州河畔的工作室，是否來過我黃浦江外灘的住處。其實無論是真是幻，對我都很有意義，因為那一天晚上，送老先生和那群人走後，我趕緊拿起老先生著作的《靜坐修道與長生不老》，看得一夜不眠，兩點不到，就起身依書盤腿打坐，老先生就如同坐在我眼前說法。從此夜裡兩點起身打坐，天亮再睡一個小時的回籠覺，變成了我的生活習慣，並且越來越清楚自己的身體，也開始學習觀察人的身體，從言行舉止判斷他的身體狀況。

到太湖大學堂後，有一次我寫報告，提起那個如夢如幻的晚上，老先生說：「你怎麼還提那一天的事。」兩年後的有一天晚課，老先生突然冒出一句話說：「不曉得是他騙了我，還是我騙了他。」我一聽就驚覺話中有話，我就是再笨也不至於會笨到去騙老先生，而且問題是我也不覺得自己會被騙，因為老先生前來我住處的那天晚上，我看見他滿口金光在對我說話，那場面就是開示，明明白白的開示，我聽見滿屋的法語，當然我注意那身藏藍長袍，因為我向來是個講究時尚衣著的人，也曾做過一件長袍。

那天晚上老先生對我所開示的話，後來都一一在兌現，我只好相信是真的有那麼一天晚上了，那是如夢如幻的真實，而我卻只能將那席話埋藏在心裡。因為當時在場的人，卻似有意似無意地好像沒聽見那些簡直可以說是不可思議的開示；如同後來我回到老先生座前學習，我每天見聞的場面依然如是，所以我常覺得老先生對我們雖然慈悲無量，卻也很可憐，我們對不起他。所以他不玩了，讓我們自生自滅，因為他說法已竟，諸行圓滿，法音常在，遍滿虛空，如果聽不見或聽不懂，那是我們自己福報不夠。明師座前，我們還依然成天嬉戲，門關了，置身火宅而依然不知的我們只有自求多福了。當然老先生關門前也明示說，曲終人散後，江山數峰起。所以今天我們看見學長們也開始在外弘法，我這晚到的，除了因緣教人自己所學的簡單修養方法，實在沒本事出門弘法，只好從網上看著大家說法了，老先生也說各領風騷數十年。老先生還說過我會活到一百二十歲，所以我相信還會看得見。

所以那一天我目睹那把火將老先生荼毗，我只能跪地不起，起不了，如同那一年我去佛國，在頂禮沒有被阿育王打開的，保存著釋迦牟尼佛舍利的藍莫塔時，我也曾跪地久久無法起身，淚如雨下。因為入殮前，我看見老先生一如平常，所以就算日夜長坐關房前的那十一天，我也沒掉過一滴眼淚，因為不管大家怎麼說，我還是以為老先生不會關門；直到今天，我依然如此認為，即便他肉身已化去，我依然覺得他常在我身邊。

二〇〇八年初夏，我因幾乎已呈退休狀態，長遊佛國，因緣發願修復藍莫塔，而回來求見老先生。在辦公室，我如實稟告修塔大願，老先生說：「印度又沒有佛，你去做什麼？那本來就是你的，你急什麼？我已經九十二歲了。好吧！去吧！去玩玩也好，回來再來住兩天。」又是如同那一夜曾經見過滿口的金光，懾人眼目，我永遠忘不了的那團光明，看來我塵緣已了。那時我已經捐款贊助聯合國教科文組織，會期已屆，必須前往尼泊爾參加倫毗尼的環境保護會議。晚餐入座前，老先生一面調著空調溫度，一面輕聲對我說：「我跟你說我已經九十二歲了，你聽到沒有？」我怎麼沒聽到！我只是聽暈了，沒有反應地悶了。然後整個晚上都要我向大家報告我的過去，而我其實不願意講，因為我的那些過去無論再怎麼熱鬧，也都已如煙花散去了，我自己都想丟掉；但是老先生要我報告，我只好輕描淡寫地述說了一些曾經發生在我身上的故事。

從倫毗尼回來，收拾行李準備前往大學堂的前一天，接到曾經一面之緣的尼泊爾駐上海名譽總領事的電話，說北京來的尼泊爾駐中國大使要到上海來考察，希望我也參加他們的考察會議，地點在上海市政府東鄰的城市規劃館，我即刻答應參加，因為我知道尼泊爾政府有我未來修塔的因緣。而在同一時間，上海市政府要頒獎給改革三十年來對上海最有貢獻的三十個人，我也是其中的一個，地點在上海市政府西邊的大劇院，我沒有答應去參加。

因為大學堂固定六點晚餐，然後晚課，我五點半以前就得趕到，所以請求總領事先讓我發言。我言情並茂地表達我的尼泊爾修塔發願因緣，說完話我就抱歉說，我必須先行離席，因為我也不知道從此自己要多久才會再出門做事，我要到一位可以傳授釋迦牟尼佛所教生命修持方法的老先生那裡去學習。大使問我要多久，我說我無法回答，但是只要我會再出門做事，我一定會先到他的國家協助修復那座泡在水田裡的佛塔。他說並不曉得他的國家有這麼一座佛塔，只知道有釋迦牟尼佛出生的倫毗尼園和迦毗羅衛國，他聽了我的發言，滿臉發紅地垂下眼淚。

司機送我到大學堂，我也沒對他交待我要在這裡住多久。然後所有人就找不到我了，後來我索性將手機號碼也換成蘇州地區的，從此如同和世間斷了線，如同從人間蒸發，開始我從習老先生的清淨日子，也發願不明道理不離禪堂。如果這一世有此大福報，能在明師座前學習認知生命的意義，而我都學不會的話，那真是眼瞎耳聾，心也盲了，他生來世就算再來，也不會有明師前來接引了。從此我一意孤行地長坐禪堂。

後來過了好一段時間，我才向老先生說起這件事，在上海紅塵裡奮鬥十八年，最是光彩受獎的那一刻，我卻選擇老先生座前的一張蒲團。那天晚餐後，老先生要許江兄送我進禪堂，許江說：「老師不讓非出家人住禪堂的，你好大的福報。」是啊！從此我就安靜地在禪堂坐了四年，並且後來在我答應要回台大城鄉研究所教書的前一個月，老先生還拿了他的長袍要我照著去訂做一件。我拿到上海裁縫店，裁縫師傅要我穿上試樣修改，結果和我的身材一模一樣，非常合身，哪裡都不需要改。從此我變成了冬天一襲長袍，夏天一身白衣的老學生，然後忘記我那些昂貴時髦的衣服。

後來因緣搬到外面租屋居住，對老先生說我在外面安營紮寨了，那天我看見老先生異常的眼神和臉色，其實我也說不出我當時的無奈，總以為這才是我可以繼續在大學堂長住久安的學習方式。今天證明我當時的選擇是對的，這四年真是一場豪賭，一場生命的豪賭，但卻是我人生最美好的四年，最是辛苦，卻也最歡喜，如果我拖到今天才回來，也沒有回頭藥可以吃了。

只是在我寫了不是很想交出的那篇〈建築師的阿彌陀塔異想〉報告之後不久，老先生再三對我前往河南嵩山登封一事表示應許，還問我說：「你到達摩洞，看到達摩洞前面牆壁的影子了沒有？」並且指示我到登封創辦農工技術實踐學院，當時我還請問說之前去江西協助重建洞山祖庭時，不是說要我辦的是農林工技術職業學校的嗎？老先生說：「現在升級了，你不知道啊？」此時我開始警覺到老先生決定關門的意圖，並且告訴了幾位常常固定來來去去的同學，但是他們回應我的卻都是不以為然的眼光。

後來，有一天，我在用幻燈片報告會善寺的寺院環境狀況，說起寺院東院門口掛著一塊嵩山文化研究會的牌子，但是從來沒人進去正式使用過。我到了嵩山，是想探究啟母石，因為老先生當時說要開始講大課，而卻從上古史講起，一路講到大禹治水，講到啟母石就突然打住，然後停了一個星期，轉而要大家自己研究《成唯識論》。這是怎麼回事？好奇的我，直覺這其中必有另外說法，遂決定前往嵩山走了一趟，一則拜訪少林寺，也應永信方丈之邀，現場即刻做了一場演講，會後聽講的嵩山景區管理委員會書記陪同我到各地參觀，到了會善寺，才爬上寺院上方廣場，我指著寺院對書記說：「啊！這是我的。」後來我真的有緣在掛著嵩山文化研究會的東院，開始了我的禪堂護持工作。一說到這塊牌子時，老先生突然說：「河洛文化，嵩山太小氣。」

因為三次的會善寺修習營，學員們持續用功，心得報告如雪花飛來，老先生幾度聽讀後，囑咐要我要將學員們的報告自己整理出書，並為該書定名為《新管理學》，同時指示我也把我這幾年所寫的那些報告拿來出書。並且吩咐馬上找出版老先生著述的上海復旦大學出版社和北京的東方出版社，第

二、三天就分別前來洽談出書事宜。怎麼這麼火急？我聽得眼淚直往肚裡吞，我知道後面要發生大事。同時我也被說得一頭昏，我的天，這能玩嗎？這工作沒完沒了的啊！這哪是我的人生戲碼？我只是因緣隨順幫助別人而已，阿彌陀佛，老先生，我不想玩了。

不久，在一次讀完學員報告後，老先生又問我什麼時候再去嵩山，我報告說九月二十九日，老先生遂給了我一副木魚和引磬，從此敲木魚引磬遂成為我的工作，而且是無量貼時間和倒貼金錢的無休止工作，因為只要我願意打開禪堂大門，蒲團已無虛席，難道餘生我還必須繼續為人上座敲木魚，下座敲引磬？我還想四海雲遊去啊！如果不是有那一天晚上，老先生前來我住處的那一席不可思議的開示，我不會變成敲木魚引磬的人，我本是紅塵弄潮人，怎麼告老會到寺院為人敲引磬？但願這引磬聲能敲醒老先生，我寧願自己天天承受寫交報告、聽聞挨罵的難堪，因為我清楚那是慈悲的法語，那是我禪堂辛苦忍辱所得的甘露；也不願意因學員們的報告而獲得老先生的稱許，因為我看見那扇門正在關上。

老先生關上門後，我依然謹守自己學習和生活的方式，不敢稍有放逸；並且繼續推進實施我的修塔之願；也依持老先生囑咐繼續積極建立那所沒有名稱的農工技術實踐學院；並且繼續寫交學習心得報告，只是不再是我自己寫，而是監督學員寫交修習心得，予以協助校正；並依老先生囑咐，準備為他們的心得出書，日夜忙碌，還必須不忘師教。還好廢寢忘食早已成為我的生活正常之事，否則，有時想想，真不曉得自己如何才能應對失去明燈照耀的旅途。

去年九月二十九日傍晚四點多，老先生荼毗前，同學慈親遞給我一條精緻的密宗橘黃色哈達，要我為躺在儉樸棺木裡的老先生覆上臉部，我因此很仔細地再觀看老先生一眼，那是老先生今生讓我看見的最後一眼。然後，看著大家把老先生送去禪堂隔壁的湖邊荼毗，然後看見縷縷白煙飛入禪堂，我才跪地不起，並且開始掉下眼淚，嚎啕大哭了起來，因為在十一天長坐關房門口的日夜協助護關期間，我不知道自己要傷心，因為我堅信老先生不會關門。而最後當大家把老先生送出去後，我也只好幫忙把那扇門關上，但是我相信一定有另一扇門會打開，那盞燈會為我們一直亮著。

茶毗後，人未散去，我又回到老先生的書房盤腿安坐，那永遠不會再有老先生的房間，以後我也不會再來，因為說法人已去。

第二天清晨，我飛往嵩山，昨天報到的會善寺秋修第一梯次修習營的新學員，正在老學員的協助下安靜地在禪堂坐著，他們從網上知道我遲到一天的原因。

我坐下後敲響老先生所賜引磬的第一聲，雖然沒有敲醒老先生，但是我對四面八方因緣而來的學員說，我覺得老先生好像一直站在我後面。我一切如昔，如是依法學習，如是依法安坐，如是讀書，並且繼續按時飛往倫毗尼。因為明燈不滅，因為老先生不會關門。

當時只是尋常事　過後思量倍有情

醒來說法人已去　不知求法向何門

如是鹿苑昔比丘　應知說法是何人
開門慈悲接引我　我卻見他把門關

一年了，這一年我未曾寫過一篇報告，因為我不知道要交給誰，今天要為老先生關門週年寫一篇文章，我打開電腦，寫完修正時，卻開始掉眼淚，這是我跟老先生的因緣。

老先生關門前交待我不要離開太遠，所以我把人生的新起點設置在鄰近大學堂的太湖湖畔，與老先生相鄰，繼續學習。今天，七都政府為紀念老先生而將大學堂沿岸特殊景觀湖堤，命名為「南公堤」的環境規劃，也將我的工作室定為「南公堤一號」，為配合政府命名掛牌活動，我也選擇在這一天，把新工作室定名為「時習堂」，並正式掛牌，也把門打開，繼續學而時習之。這也就是老先生囑咐創立的農工技術實踐學院，我自己就是時習堂的第一位學生。

一劍霜寒四十州

潘建國

北京停雲館文化投資有限公司董事長
紹興縣會稽山兜率淨土開發有限公司總經理
中華佛教出版社總編輯

二〇〇〇年時，我的事業進入低谷，滿懷迷惘，自信心跌落谷底的我，想尋求人生的答案。

我用一年多的時間，行走在各名山古剎，拜訪高僧大德，終無所獲。機緣偶然，我讀完南老師的《金剛經說甚麼》，有所感悟。此後連續幾個月，我廢寢忘食地翻閱能找到的南老師的全部著作，似乎有了答案，我想找南老師求證。

二〇〇二年夏，我赴港尋師，敲開佛教圖書館的門，見到了親證法師，她答應將我出版的宣紙版圖書轉交給南老師。在我離港前，親證法師交給我一個紅包，裡面是南老師給的書款，因老師從不接受無償捐贈。親證法師說，若想親近南老師，可到義烏雙林古寺找體悟法師報名，南老師年底會在那裡主持禪七。我回來後直奔義烏，與體悟法師結了緣。

二〇〇二年底，我提前到雙林古寺做義工，和師父們一起建禪堂、蓋食堂、接送客人。大年三十夜，體悟法師和宏忍法師帶領大家共修。十五日後，盼望已久的南老師來到義烏主持禪七。

這個禪七，徹底改變了我的認識：由成功走向失敗的根源就是那一念無明；佛菩薩的行願是自利利人；放開心量、定慧雙運，才能達到自利利他的不二境界；菩薩行是一個在家居士的天職……離寺前，我暗暗發願：如果有機緣，我一定要建一個居士禪修道場，讓更多的人享受到正信佛法的薰陶。

這個禪七讓我重拾信心，舉家北上開啟新的事業，同時投入慈善工作。

願力真是不可思議！機緣不期而至了。二〇〇七年六月二十七日，我們與紹興縣人民政府簽訂協定，建設「會稽山彌勒聖境」，以天上淨土「兜率天宮」和人間淨土「會稽山龍華寺」的主要建築，承載「包容和諧快樂」的核心理念，打造一個全新的行大乘菩薩道的道場；以慈善公益而非商業的模式運營，所有股東均不能參與分紅，所有利潤都用於慈善公益和文化建設。

可是，問題來了，兜率天宮是什麼樣的？沒人知道！無助中我去請求南老師的指導。南老師笑著說，他也想去兜率天宮，但還沒去過呢。南老師建議我們依據《彌勒上生經》，並參考善財童子參彌勒的描述。我們和設計團隊花了近一年的時間，創作出了兜率天宮的效果圖。當南老師看到效果圖時，笑得很燦爛。終於，南老師滿足了我的願望題寫了「兜率天宮」的匾額。

建築形態確定了，佛教文化如何定位？猶疑不決中，我又向南老師求教。南老師告訴我，兜率天宮要定位在中華文化的弘揚上，儒釋道文化都可宣講，在紹興尤其要宣講大禹文化和陽明文化，兜率天宮就是個弘揚文化的聖殿。佛教文化上，更要包容各宗各派，可以建八大宗壇，讓八宗有成就者都可以到兜率天宮登壇講法。龍華寺的定位要以禪宗為主，走居士佛教道路。並告誡說，切不可把那些迷信騙錢的把戲帶到龍華寺裡去，龍華寺要多辦禪修和佛教文化交流，多做慈善利他的事業。南老師的這些話，成為我們遵循的原則。

經過五年多的努力，建設工程已近尾聲。去年6月底，我和弘宗法師（老師給體悟法師的法號）到大學堂向南老師彙報，我說：「老師啊，等把天宮造好了，我就退休，跟在您身邊修行好嗎？」本以為南老師會答應，沒想到老師聽了哈哈大笑，說：「每個人緣分不一樣，建完天宮你的事業才剛剛開始，談何退休！」說完，起身拉我，和弘宗法師一起走到隔壁會客室，指著孫文手書五代貫休和尚的「滿堂花醉三千客，一劍霜寒四十州」的詩句，問我是否知其意，我搖頭。南老師就給我們講起了典故。

錢鏐稱吳越王時，貫休和尚因避亂來到越地，寫了如下的詩文贈與吳越王錢鏐：

貴逼人來不自由　龍驤鳳翥勢難收
滿堂花醉三千客　一劍霜寒十四州
鼓角揭天嘉氣冷　風濤動地海山秋
東南永作金天柱　誰羨當時萬戶侯

錢鏐一見此詩，大加讚賞，但是嫌「一劍霜寒十四州」不合他一統天下稱帝的抱負，傳話讓貫休和尚改「十四州」為「四十州」後才考慮見他。和尚心知錢鏐並無一統天下的雄才大略，便吟詩四句回覆錢鏐：

不羨榮華不懼威　添州改字總難依
閑雲野鶴無常住　何處江天不可飛

即日，貫休和尚便包裹衣缽拂袖而去。至蜀地，受到蜀王王建的禮遇。前蜀建國，賜號「禪月大師」。

南老師一再勉勵我說：「你現在正當年，要有『一劍霜寒四十州』的氣魄！不要老想著十四州那點小事。雖然我不收學生，但你出去可以說是我的學生，這樣做事會方便些……」聽完這番話，我由衷地感恩老師的慈悲攝護，也更感受到肩負的重任和老師的期望。

我又向老師祈請：「老師，明年天宮開放時，我想請您老人家開堂講法，好嗎？」老師不置可否地笑笑，沒有接受也沒有拒絕。老師讓宏忍法師請出了兩座供奉有「三乘同依佛舍利」的水晶舍利塔，讓我和弘宗法師請回兜率天宮和華林園供養。我們在欣喜之餘，有些詫然。沒想到，七月分老師閉關；九月二十日，從太湖大學堂公告得知，老師四大違和，正住於禪定；九月二十九日下午傳來消息：第二天舉行老師的荼毗法會，為老師送行。

在老師的化身爐前，回想老師為弘揚中華文化辛勤耕耘七十餘載，還用自己的生命給大家上完最後一堂課，我的淚水奪眶而出。

荼毗法會結束後，我看到了還站在老師化身爐前不肯離去的李總，上前對他說：「咱們都有個共同的遺憾，沒能請到老師親臨講法！」他點頭表示同感。

也許是老師感受到了我們的遺憾，凌晨的夢境中，我陪著老師參觀兜率天宮，他老人家白衣飄飄，精神矍鑠。夢醒時，我滿臉淚水，但滿心歡喜，我暗下決心：蓄鬚明志，加快兜率天宮的建設步伐，能夠讓更多的人啟發心智，繼承老師遺志，弘揚中華文化。

「一劍霜寒四十州」，我將永記老師的教誨。

最珍貴的因緣

牟容瑢
美國執業律師

與老師親近，大概是很多人今生最重要的因緣，不知積累了多少世，才有第一次翻開他書的那一瞬間。

二〇〇六年我偶然讀到了《十善業道經》，受三世因果的啟發，我模糊覺得，這個經緯萬端的世界，好像內懷妥帖，我甚至可能從中尋找到一些人生思路。

那是我第一次認真地接觸佛經，彼時我在美國華盛頓特區工作，供職於全球第三大資產管理集團的私募基金部門。半年後我接受了全球最大的律師樓的邀約，並被派回中國工作。但是和大多數職業女性一樣，我忙忙碌碌卻心無所棲。我們的狀態，應該說是可憐吧！

因為接觸佛經的緣故，回國後我沒有立刻上班，逕自去了普陀山的紫竹禪院借住。一日，無意間走進了法雨寺的藏經閣，仰見一排排莊嚴整齊的《華嚴經》，浩浩然竟似不見邊際。我便請教一旁的法師：佛法浩瀚如斯，惟不知從何下手？簡短一番問答之後，法師道出了一句讓我受益一生的話：讀南懷瑾先生的書吧！

毋庸避諱的慚愧，老師的書早在一九九〇年便開始在內地出版，而我卻蹉跎到十六年後，才第一次翻開它們，在已該而立之年，開啟了這個安身立命之旅。

初聞法音

「先生之文章，可得而聞也；先生之言性與天道，亦可聞也」。

除了打拚事業，我也廣泛地閱讀和遊歷於中西方的文明之間，試圖探索身心內外的一切問題：靈魂與肉體、愛與條件、死亡與意義、道德與欲望、民主與獨裁……諸此種種，不一而足，但這些零散的精神探索並不究竟，我的世界毫無頭緒。

先生的書，卻讓我豁然開朗！

先生以他天然的威儀和自如的說法，帶著我，一本一本、一步一步，開始了一個自我辨識和修正之路。最初打動我的，是《論語別裁》和《原本大學微言》，伴隨我度過辛苦的律師生涯裡最寶貴的閒暇時光。這些原本難窺堂奧的經典，從此相關而親切——翻開書本，即到現場，即可傾聽這位慈愛且威嚴的長者，講述人生最基本的道理和情懷。

師的書我讀得頗為緩慢，卻每讀必有耳提面命之感，他批評學生，我便獨坐書齋、面紅耳赤；他勉勵大家，譬如每聞「年輕的同學們，就是要有一種大乘心量」，我便常常熱淚盈眶，不覺而升起一種傳承文化、利益眾生的心情（只能說是心情而已，彼時甚至懵懂於「大乘」之為何物）。所以雖慢耕細作，我卻很受益。借助先生天門高處的一雙眼睛，我也學著瞭解外在世界，但最重要的是，我開始學習觀察自己。

後來與身邊許多同齡人交流，發現大家多以聆聽家訓的方式來閱讀老師的書。我們這一代人的父輩，很多都被上世紀的動亂耽擱，無法給予自己所渴望的道德和人文教育，而老師亦趣亦雅的語言，一改說教的古板，啟迪了我們的好奇心，也培養了我們的文化自信心。老師的書在新的一代人中廣為傳看，通過它們，中華文化的命脈香火，源源不斷地轉交到無數年輕人的手上。

這時的我，穿梭在大都市中央商務區的摩天大廈裡，堅定地相信著，有一個更樸素高遠的智慧，還在遠方。

遙喚

但我並不清楚怎樣探尋內在的世界，生命依舊沒有出路。文化概念和模糊的期待已經不夠了，我需要一位導師。

為了有一些實質的進步，二〇〇九年春節伊始，我便每日持誦《地藏經》，並大禮拜《普賢行願品》。此外，又規定自己每月從薪酬中拿出固定比例來布施行善。最初的布施並不能「下心含笑」，自覺有些完成任務的味道，不久我拜訪了一個偏遠的孤兒院，在那個意外的苦寒之地，與一群語言不通的陌生孤兒們彼此親近、彼此溫暖、彼此感動，我開始懂得真正行善的味道（又何嘗不是被行善呢）。

一個月後，我飛往大昭寺，在擠滿了朝聖者的廣場上行了一千個大拜之禮，暗暗祈求遇見一位明師。再一個月後，我得以前往太湖拜訪老師。

初見

「不要轉移你的視線，一直朝著那亮光走去」。

——約翰・本仁《天路歷程》

二〇〇九年秋，我開始攻讀美國一所常青藤大學的博士學位，第一個學期在國內調研，為下學期進校做準備。

一個金秋的清晨，在陽光透進窗戶的一瞬，我心裡閃過一個念頭：此行美國，一去數載，先生耄耋高齡，不知今世可還有緣相見——第一次想見老師了。

很快就有了特殊的因緣。

會面的那天，老師準時出現在大學堂寬敞古雅的會客廳。遠見一位白髮仙翁足下生風，翩翩而來，在一眾人等簇擁之下，一邊行走，一邊拱手作揖，上下一團和悅之色——正是先生的樣子！老師見到我們，愉快地笑起來，笑裡透著光。

此前我一直在兩種狀態中切換：思維時緊張；不思維時盼望。勉強想了幾個問題請教先生，又自覺毫無高明之處，必是入不了先生法眼，於是更加慚愧不安。然而此刻，緊張和疑慮已然散去，只覺胸中萬種情懷。整個會面，我都淚流不止，四周圍坐著人，我有些難為情，師逕自殷勤招呼，咖啡點心，左右言它，又藹然一笑說：「你太善良啦」！

彼時的情形一直歷歷在目。老師問我為什麼要學佛？我胡亂慌張地答覆了一通，老師（如今想來是棒下留人）和氣地說道：「這樣啊，不要被我騙了。那麼年輕，怎麼會想學佛呢？」隨即便交待一位學生去取書，送給我們，並特別點名《花雨滿天維摩說法》、《圓覺經略說》、《金粟軒紀年詩初集》等等。

後來我知道「為什麼學佛」這個問題，師問過不少來訪學佛的人，有人以為他是測試來人的心態、程度，也有人認為，這恰是老師給我們的一個話頭，我都深以為然呢！

師還介紹了身邊一些常隨學生，他們中的不少人，後來成為我修行上的珍貴的善知識。老師一邊介紹又一邊笑話我不該學法律，我順勢請教，師略一沉吟：「文學！東方和西方的文學」，再一頓，忽又道：「你留下來吧，幫忙我們這裡。」

這話有如天籟之音，在我心中劃過一道光亮，但立即又被現實的思考否定了：這可是職業規劃以外的啊，不如等到博士讀完、事業成就之後吧。豈知這一等，便是一條無法回頭的路，三年之後想起來，悔之晚矣！

後來大家拍照留念，老師牽著來客的手——他的手多麼柔軟啊！我忽地冒出一句「老師，我覺得認識您很久了」，師笑答「神交已久」。斯人已去，言猶在耳，如今想來，我絕無資格列於神交之列，對他「神往已久」倒是真的。這次見面，對我是一次非常重要的體驗，因為老師特別的力量和幫助，我暫時放下分別思維的心，體會直心面對的舒適自然。當然，在後來的日子裡，我還體驗了他的嚴厲、認可、冷淡、勉勵……種種態度。

說到嚴厲和冷淡，有一次，一位親近老師三十多年的學長告訴我，每當覺得自己用功的時候，就感覺老師很近，而每當迷惘放逸時，便會覺得老師很遠。他的話讓我有些驚訝，原來不止我這個新來的小學生，即便是修為很好的學長，面對老師，仍會不自覺地緊張。我想是因為，自己一切的身心狀況，在他面前都是透明的，故而難免有被看透的侷促，而覺察參究自己的心態，本身就是修行。

而且，老師的冷淡，有時也是故意為之。師是大機大用的臨濟宗，據說早年常常用棒喝、斥罵來引導學生，後來卻少用了，並有「我如果講禪，門前草深三尺」的無奈感嘆。老師在《禪宗與道家》一書裡，對「冷淡」有一些解釋：

「我所見前輩的宗師們，有時認為你知見有錯，但只對你一笑，不加可否，或者，便閉目趺坐，默默不答，這就是棒喝的遺風，過去我們碰到這種情形，自己再加反省，知道錯了，便叫它作棒。」

所以對於善知識的種種態度，微妙方便，如果自己缺乏反省，才真是辜負聖賢一片心呢。

一度我還十分羨慕能夠更早從學老師，常隨左右的學長，覺得他們一定更高尚、更高明（當然他們中的許多人確實十分高尚、十分高明，但我並不覺得那是他們與老師結緣深淺的原因），後來才知曉，聖事不可以凡心測之。

善知識示現的親疏遠近，同世俗裡的高明不高明、看不看得起毫無關係；甚至，有沒有機會當面拜謁老師，也與學人之高下無關。師與每一個生命體的因緣（或暫時無緣），都自有其珍貴和道理。譬如脆弱者，溫和接引；堅定者，嚴厲策進；福薄者，先培福；獨覺者，可自修，等等方式。見或不見、親或不親，都針對學人當時的狀況而來，而師心慈悲，在他的心裡，我們一律是孩子，應機設教、因材施教，然後將不同根器習性的人們，方便地引導到向上一路去。

晚餐後，老師請一位學長教授我們打坐和持誦準提咒，並提議我們留宿大學堂，因事先另已安排，同行便婉言謝絕了。後來知道老師引用劉方平《代春怨》自解，我才稍有體會，他對我們年輕的一代徬徨門外的急切和悵然：

朝日殘鶯伴妾啼　開簾只見草萋萋
庭前時有東風入　楊柳千條盡向西

離開時，師起身送至大樓門口，一襲長衫、一根手杖、一個清矍的身影，穩穩地印在我心裡，彷彿暗夜裡的明亮的燈塔，一直光耀我心。

追隨

「我有幸曾經遇見過一些偉大的上師。真正留在我腦海裡的，不一定是他們對我知識上的教導，而是他們的行止，他們的生命範例」。

——宗薩蔣揚欽哲仁波切

在赴美之前我又拜訪了兩次大學堂。隨後的兩年，我也是一放假，便興沖沖飛回國內，可以說是身在美國，心在大學堂。我在師示寂前一年回國，在白領海龜（歸）們忙著參加各種高端論壇和名流聚餐之時，一次次奔往廟港這個「鄉下地方」，樂此不疲於我的朝聖之旅。

我之所以樂此不疲，除為求道之外，還因為老師的人格魅力。師也愛開玩笑，他的順口溜裡有一段「久聞大名，如雷貫耳，今日一見，不過如此」。老師全然有資本開這個玩笑，因為他自己隨時隨地的人如其文（或許「人勝其文」更加合適，因為他的有些境界，難以言表）。他是中華文化的集大成者，文章廣涉儒、釋、道、縱橫、諸子各家，而風雨人生近百年，他走過大川大河、淌過富貴貧寒，經史子集、江湖廟堂，全部到過，可謂行藏舉止皆文章，他的身上，隨處可見華夏文化的風範。

形而下的道，師可謂無時無刻「無行不與二三子」。我見師時，他已在九十多歲人生最後的光陰裡，卻在在處處，毫不散漫。有一段時間我又讀《論語》，捧著書本，只覺得句句都是他，而看著老師，又如同看一部行走的活《論語》。

師自己這樣的自律嚴密，也期望我們二六時中不要放逸，但他並不苛刻，嚴厲之中充滿了寬和。我呈交的修行報告，他批示得最多的，除了「聽知」，便是「慢慢來」。

人格和佛格

老師的許多言談行止，深深地印在我的腦海裡，在水窮之時、姑且之處，常會從心裡湧出來，便立刻抖擻了精神，端斂自己的念頭行為。

比如老師常說「幫忙人家啊！」有一次一位先生來拜訪老師，師剛開口給來客意見，去留意某方面的書，旁邊的一位老學生，立刻報出了一本書名，我正暗自稱讚學長的熱心和淵博，師卻對學生一喝：「複印出來啊，趕緊幫忙人家！」所以老師的幫忙，可不止幫幫忙，決然是要十分迅速、全然周到才行呢！

又有一次，一位頗有社會地位的女士前來探望老師，看來與老師並不陌生。噓寒問暖之後，女士問師：孩子史丹佛大學畢業，中、美兩地各有機會，不知該作何選擇。正待聽取老師高見，師忽然面色一沉，嚴厲地批評起來，大意是，你們這些大人，連自己要追求什麼都搞不清楚，怎麼可能給孩子高明的指導。當時桌上有四五個人，我們都被這忽來的嚴厲噤住，女士立刻點頭稱是，態度謙卑自然，我心裡則暗暗稱讚。老師針對女士的情況小訓之後，又感嘆著吟誦了一首詩：

島池魅力魚千里　蠻觸功名一飯餘
早說南柯非昨夢　如何人世問乘除

吟罷淡淡一笑，手對著我們指了一圈，「這裡都是一群魚千里，都不曉得自己在追逐什麼！」（魚千里：典出《關尹子》「以盆為沼，以石為島，魚環游之，不知其幾千萬里而不窮也」）我心裡正想辯解：我可知道自己在追求什麼呢，師又話鋒一轉：「你們這群美國博士，趕緊幫忙人家提供一些建議啊！」（在座的還有一位史丹佛大學經濟系的博士）

對老師而言，一切能夠提供的幫助，一切能令眾生生歡喜者，全都布施。「幫忙人家」、「不要給人添麻煩」、「不要計較」……這些簡單的話，還有師濃濃的浙江及四川口音，永遠地留在了我們的心行裡，點點滴滴，春雨潤物，桃李不言自成蹊。

人貴自立

老師常常讚歎從前的大修行人，在世法上都是一流的人才，因不能解決生命的問題，才轉問佛道。老師無論是非成敗富貴窮通，永遠怡然安詳，言談舉止待人接物，天然一種親切和藹。師所憂之事，皆是天下的大事，卻不見他因為「人心不古世風日下」而忿忿，更不會為了自己的任何事情苛刻於人。不禁想到孔門弟子描述夫子的兩句話「申申如也，夭夭如也」。

所以老師時刻提醒學生們要自立，他告訴我們，這是學問的中心。

第一次拜訪老師之後，我寫了簡函答謝，師的回覆中，有「人貴自立」之句。我想，就是獨立自強、潔身自好呀，便立刻承諾：好，我會自立。後來細細參究才發現：真正徹底地自立，太難了！是生活、事業、情感、思想……方方面面都不依賴、不攀附，卓然自處。

反觀自己，尚能勝任工作，也有責任心，情緒也大多正常向上，惟對情感上的獨立，並沒有太多的自信，直到修習了「受不異空」。

一天，老師指點一位情緒不太好，又常覺渾身是病的同學，說她「受陰」太重，被困在裡面了。那段時間，我正好在研讀老師講述的《心經修證圓通法門》，觀五蘊無常。某日，在「受不異空」一句上，幡然有了感悟。忽然洞察到，生活裡千般負面情緒，都是覺受無常，只要善加觀照，再加上打坐的功夫，就可以作主把它空掉。這個理解，讓我十分的欣喜，立即用來處理生活裡的一些小事小情緒，可謂念到病除。我的內心因此頗有些信心，覺得大概能夠從此找到一條修行之路，幫助世上情重的人們走出苦惱。

「受不異空」對於心情的幫助，竟然是這樣的巨大！我隱隱希望發生一些大的挫折，我可以證明自心作主的力量。果然，念起，事來。

不久，我的生活裡就發生了一段感情，卻又因為無巧不成書的幾件事，不得不遺憾結束。這個結果，讓我十分的難過。我便用空去覺受的方法對治，這一次，憂傷並沒有被馬上空掉。我便提醒自己，首先要做到不在憂傷中繼續沉淪（不像從前那樣），並堅持打坐、持咒、閱讀佛經，來鞏固正氣、調節身心，不久便也恢復了平靜。

如今，我能覺察到越來越多的負面情緒，覺察到自己被受陰困住，並加以對治。但我更明白，情感的獨立十分不易，而凡所執處，皆難獨立。

棒喝

然而，徹底的獨立，遠非「自強不息」那麼簡單。比如我自認為事業獨立，其實充滿了執著與掛礙，並非真正獨立。

去年有一天，師正在評論我的事業選擇問題，他忽然指著身邊兩位常隨學生，對我說：「你以為這是他們的最後一站麼，當然不是！」當時我暗想，老師一定是知道，我很擔心未來的事業吧。

又一日，高客滿堂，席間漫談，老師隨意說了一段幼時家中銀行存款，如何在一夜之間化為烏有的遭遇，隨即便悠悠然說出他那句名言「所以我一輩子不存錢在銀行」。我忍不住問，「老師……那通貨膨脹怎麼辦？」話音未落，老師驀地臉色一沉，雙目炯炯地看著我，大聲喝斥道：「你要是乞丐怎麼辦?!」

我瞬間呆住，向來敏感的自尊心還來不及在眾目睽睽之下窘迫，整個世界便安靜下來，對未來的期待、不安、恐懼、疑惑，忽然通通地撒手，心中一凜，我朗聲答道：「那我就乞討去！」

老師立刻面色舒展，笑道：「這就對了」。

大概這就是棒喝吧，或者不是，但回想起被老師「修理」的，正是我的執著妄想處。師給了我一個方向，要從這裡自參自肯自悟。

其實，我們總都在「依他起」、「遍計所執」的依賴和攀緣狀態，不可能徹底地自立。要隨時隨地地調治劣性、知幻即離，需要正確的知見，也需要很深的定慧修為。

所以，邁向獨立的路徑，正是修習禪定和智慧之路吧。

法無定法

幼時所受的教育，是梅花香自苦寒來。對於修行，此話雖然不假，卻還遠遠不夠。學人不僅需要勤奮，更要懂得時量進退，說來容易，這個平衡點卻很難把握。

我發現大學堂的人們，以老師為首，多數把自己裹得密不透風，即便是三伏天，不僅穿著長衣長褲，還披著坎肩，且帽不離頭。老師見我愛穿裙子，就客氣地提醒：「不冷啊？」這個話頭，著實讓我奇怪，幾次下來，我才請教到，原來學堂地處太湖之濱，濕氣較重，而且修行做功夫的人們，身體敏感，更容易受到濕邪的襲擊。雖說身體是鏡花水月，但也要藉假修真，為此，修行人便馬虎不得。原來修行人連愛惜身體都那麼認真！從前我卻飲食無節、起居無常，對身體毫不在意，這也是上班族的通病。至此我便比較注意自己的身體。

去年夏季，天氣炎熱，每天都醒得很早。雖然知道夏三月，夜臥早起的道理，還是擔心是身體不調，於是便尋醫問診、開方喝藥。老師聽說後，批評我「糊塗！」我才又注意到愛惜身體也要聰明。原來我們身體的變化，有時是因為心理情緒的作用，有時又是因為天地大環境的影響，前者需要從心理上下手，後者則當順應天象，適當注意即是。身體固然重要，但身見卻不可太重。依囑，我不再服藥，而換作早醒打坐，並儘量放下身見的觀念，睡眠很快就正常了。

其實聰明靈活、把握火候，並不是什麼深奧的道理，但是事情來時，加上對自己的愛惜，常常就會做出不明智的舉動。更何況，同樣一件事情，可以有不同的視角和處理方式，所以善知識會根據學生的情況對症下藥。

老師的常隨學生裡，流傳著這樣一個笑話：老師的有些話，一三五是這樣，二四六又換了一個說法。一次，一位著迷於周易風水的同學，對老師說，皇家一定最會選風水，可還是一代代滅亡了，所以風水之說其實不成立，老師哈哈一笑說，對！風水是騙人的！可一轉身，老師又告訴另一個學生，堪輿是個大學問。再一次，老師對某君說，天下哪裡有什麼鬼神，都是人心作怪；旁邊一位同學忍不住問老師，真的沒有鬼神嗎？那麼六道輪迴呢？豈知師眼睛一瞪，鬼神你都不相信，還學什麼佛！雖是當作笑話來說，且大家也理解這是因材施教，但我們也確需注意，在閱讀老師的書的時候，如果發現不同之處，要結合自身的情況調整運用。

如何自己把握平衡點，是沒有辦法傳授的，因為大家情況各異。所以修行真是一門智慧之學。不過，我好幾次聽到老師感嘆「事無對錯，但有因果」，可見，有時候連火候也要放下，用心盡力即可。

離別

端午長假，我照例前往大學堂學習。一日飯後，桌上約有六七人在座，談話間隙，師忽然緩緩地說：「今年中秋，我們這群人不知都在哪裡。」這真是一句沒有辦法回答的話，四眾沉默。我想起三年前師讓我留下幫忙的事，又想起不久前「魚千里」的封號，直覺慚愧，便想：老師是不是惆悵我們依舊迷戀外面的花花世界，不肯潛心修習呢？便有些自失地輕聲答道：「我會在這裡吧。」老師超然一笑，不再言語了。

一個多月後，師四大違和，閉關。

再一個月後，師同意住院。一週後入定。

再後，師示寂。

正如端午席間的回答，在老師入定期間，我一直在大學堂，一天一天的等待，卻再也沒有等到他回來。三年前，我沒有智慧和勇氣回應他的召喚留下來，所以今生今世，再也沒有機會了。

是啊，用了九十五年的身體，滄海桑田一個世紀，「諸行無常，是生滅法。生滅滅已，寂滅最樂。」學佛的人們都明白這個道理。

世人畢竟福薄，留不住他，自己也終要離開。想起初次見面時，我承諾了老師「人貴自立」的教導，一個人要信守諾言，我會自立，包括我的精神，會從對他的依賴之中，獨立起來。

可是在天地最為寂寥之時，在無人之處，甚至在心頭微微一動的剎那，我彷彿見到沒有寂滅的老師，見到老師沒有寂滅，我的精神無需從某處獨立，因為老師、世界、一切生命和我，從未分開，因為在念起之前的自性裡，在念走之後的清淨中，在有念和無念的當下，在長明的覺性之中，在每一寸每一寸的光陰裡，他都在。

懷念南師

古道

老師走了，但老師的音容時常會浮現在我的腦海裡，也時常會想起隨老師學習的那段生活……

因本如法師的因緣，以前會常去南普陀寺小住，因此認識了幾位臺灣十方禪林來的學長們，是老師派他們到廈門大學學習中醫的，在他們那裡聽說了很多關於老師的神奇故事。

記得最初拜見老師是在一九九三年年底。從閩侯大雪峰禪堂下來去參加老師主持的南普陀寺禪七，在去廈門大學拜見老師之前的幾天，有一次，宏忍法師在南普陀方丈樓說起老師武功如何了得時，俺還不以為然，我說等見到老師時，要不先給他來個掃蕩腿，看他能不能躲得過。宏忍師父聽了哈哈大笑說，見到老師就怕你不敢掃過去。我說，那有啥不敢的？

幾天後，開化法師真的帶我去廈大拜見老師時，本來想好的掃蕩腿卻成了恭敬的一拜。那次見面本來想向老師請教一些修行上的問題，結果成了給老師彙報近三個小時的江湖見聞及自己的學習經歷，惹得老師不時地哈哈大笑。

回來後，宏忍師父問我，你的少林掃蕩腿出了沒有？我說，沒掃成，我給老師恭敬地磕了個響頭。哈哈……

那次的「南禪七日」是我很多禪七中明白最多道理的一次，真是法喜充滿。也從那次以後俺才開始認真讀起老師的諸多著作。

當時我非常羨慕那些學長們能夠親近老師，我還經常跟他們說，如果能讓我親近老師，能經常聽到老師講課，哪怕讓我每天給老師端盤子洗碗都成。

後來真的應了妙湛老和尚那句「發心就有緣」的話。

二〇〇三年去上海長發花園聽了幾天老師講授的《大寶積經》定分一課。

二〇〇四年八月有幸跟隨本如法師到長發花園閉關，在兩年的時間裡，不但每天能聽到老師的講課，還經常到老師餐桌上蹭頓晚餐，還聽過老師用川戲唱袁太老師的〈醉後之光〉，還有幸一睹老師極具力道與韻味的南拳。

那真是一段美好的時光！

閉關一開始，老師就用了三個多月的時間給大家講授《達摩禪經》，後來還指導大家學習了《修行道地經》等，期間還不時地讓我們抽籤來試講，那簡直就是趕鴨子上架，時常被弄得一身大汗。

老師那時精神特別好。經常在早晨三四點鐘打電話把我們叫到書房，講授十六特勝法門，以及與禪定的關係、禪定的次第等等，我覺得老師非常注重對禪定的實踐。

為了跟老師的作息時間一致，我們也變成夜裡學習用功，上午休息的習慣，這種習慣到現在還沒完全改回來。現在十六特勝倒是沒修好，卻修成了夜裡不睡早晨不起的夜貓子了。

現在覺得當時專修時，身心覺受上的轉變和進步非常明顯，看來這事兒非得刻苦專修一番不可，否則，像現在這樣早晚定時用功的方式，效果很慢，會把修證的時間拖得更長。

在整理《達摩禪經》講記那一段時間裡，最有意思的是，幾乎每天早晨五點多準時看到錦揚兄穿著綿褲，披個灰色棉僧袍來敲門，把老師午夜裡親筆修改好的文稿交給我們，沒有一句話，就這樣默默傳遞了四個多月。

還記得在二〇〇五年三月的一個下午，因為那段時間感覺自己的心跳有問題，心律不齊不說，有時簡直像停止了一樣，並伴隨著陣陣疼痛，就去找老師請假，想去醫院檢查一下。結果，得到的是老師幾句如雷般的大喝：「看什麼看？你不是來這裡閉關的嗎？死了就死了嘛！大不了下輩子再繼續嘛！」被這麼一喝，我當時眼淚直在眼眶裡打轉轉，只是我硬是沒讓它掉下來。心裡卻想「老師咋這麼無情呀？俺心臟真的好痛啊！」後來老師可能擔心把我嚇壞了，用和緩的語氣說：「修道人的病有些是醫生看不好的，因為真用功修行身體四大自然會有變化，有些現象是轉變的過程而已，如果診斷不好，當作心臟病什麼的治療，再做個手術什麼的，那就完蛋了。你看我八十多歲了，還在用自己生命來實踐佛法啊！我比你們用功啊。你看，歷代祖師們都是不怕死的人，怕死就別玩這事了。」然後鼓勵我回去繼續用功，並給了幾包粉狀中藥。俺只好打消就醫的念頭。

每天依舊照常練習瑜珈和靜坐，並繼續整理老師的講課記錄。後來也不管心臟疼痛的事了，疼痛的現象大約持續了將近兩個月後，不覺間果然自己痊癒了。後因事去登山，發現以前登山氣喘的現象沒有了，也不覺得怎麼累。生命真是一個神奇的東西。後來我在想，如果當時老師沒有制止我，我到醫院裡可能真的當作心臟病啥的動個手術，也許真的就完蛋了。

還記得在《達摩禪經》記錄初稿完成的那天晚餐時，老師非常高興地拿出五十年茅台，很豪邁地說：我們是註解《達摩禪經》的古今第一人了。那天大家都充滿了喜悅，那酒喝得很開心……

跟隨老師學習的那段時光，留下了很多很多美好的回憶。

特別是在太湖大學堂的幾年工作中，看似平淡，卻跟隨老師和學長們學到了很多作人做事的道理，那是我生命中最寶貴的體驗。

說到了這裡，忽然想起了老師常說的一句詩：「當時只是尋常事，過後思量倍有情。」是啊！人生就是這樣，那些茶餘飯後的點滴提示或關懷，當年看似尋常，現在回憶起來卻那樣親切和珍貴。

學會珍惜眼前一切，努力去做到老師要求的「作一個能反省、謙虛、精進的平凡人」。

關於去年月圓之夜與老師訣別前後的事，真的不願多想了。老師太累了，選擇了休息。留下那麼多傳奇和闡述關於先哲思想的話語後，自在離去，這樣挺好的。佛說萬法無常，都是生滅法。

世間事總會留下一些遺憾。洞山建設沒能按老師的指示如期完工，造成老師來洞山的心願沒能實現，這是我最大的遺憾。真後悔當初為什麼不迅速建好一個四合院啥的，迎請老師到洞山來呢？

今天懷念著老師，回想著這些往事，癡人說夢般地寫了這些，但覺得內心非常寧靜，好想再給老師吹一曲那首《寒山僧蹤》……

也不知道老師現在到哪裡休息去了？咋就不像傳說中那樣給咱託個夢啥

的呢？
老師，非常感謝您的教誨！
老師，非常懷念您！

拄杖橫挑風月去 由來出入一身輕

——壬辰年中秋南公懷瑾先生荼毗法會追憶

弘宗

義烏雙林古寺住持
紹興縣龍華寺禪修中心（華林園）住持

人的一生，總有一些印記，永恆在記憶中，難以抹去，不能抹去。一年前的那個日子，老師靜靜地離去，一任清風明月，一任秋意幾許。今日憶及，猶淚水盈前，不能止。

示寂　寧靜祥和

記憶中，那是一個平靜的日子，卻註定是一個不平凡的日子。那一輪秋天的滿月，成為了一個夜晚的永恆。

那一天，壬辰年的中秋，我們送老師走。

一如那曾經與老師相伴的無數時日，一切都是那麼地寧靜。心是寧靜的，天地間是寧靜的。大學堂是寧靜的，這是老師給予大眾的寧靜，那寧靜是老師深澈如水的眼眸，如蔚藍無際一碧如洗的天空。我知道，一如往昔，老師一直在靜靜地關注著我們。在這樣的目光下，悄然無聲的寧靜，融入了每一個人的心裡。

寧靜入心，了無雜念。老師沒有走，老師何曾走過？

那天，陽光是明媚的，照徹得天地之間一片通透。天空，乾乾淨淨，是清清一色的淨藍，是清水洗過一般的澄澈。大學堂長長的回廊上，不時有人輕步側身而過，互相點頭致意。安然祥和，不慌不亂。這不就是一直在老師照拂下的平靜安詳的日子嗎？

老師還在那裡！所有人都是這樣的感受。該做什麼就做什麼好了，所有的人都在安安靜靜地做著事，忙而不亂。無論做什麼，大家的心都是寧靜的、安詳的，連步子都是寧靜的。

午後，敬呈給老師的香、花、果已齊備。我們幾個人調整身心，靜心寧神，一件件、一樣樣仔細地擺上供桌，整齊而潔淨，像平日裡侍奉老師一樣。蘭花，是素雅潔淨的白色，散發著縷縷清香，那是謙和溫潤的君子之風；菊花，金黃與純白相映，透出一片閒適的秋意，是清逸淡泊的聖人品格。聖潔的百合映襯著綠色的蕉葉，一朵一朵地圍在四周。果子，細心挑揀出最好的：紅紅的蘋果，要最大最圓的；金黃的桃子，要飽滿豐潤的；還有黃燦燦的香蕉和香甜的哈密瓜。老師最喜歡吃的花生米，是忘不了的，放在了最中間。靜心擺設，任何細微處都反覆思量，點點滴滴都是對老師深深的愛。

瞬間的恍惚，我又看到了老師那熟悉的笑容。是真是幻，不去想不去辨。漸漸地，只在無聲無息之間，老師的笑容不知不覺地融化進了心裡。

面對著安置好的香案供桌，靜立。佛號綿綿由心而起，長空之間一片寂靜。主樓上的釋迦牟尼佛像在夕陽的輝映下金光燦燦，老師在一片金色的光芒中安然而眠。

惜別　安適而行

夜色初暝，眾人早已靜靜地肅立於路旁，等候著老師。一雙雙凝注的目光，無聲地傳遞出深沉的眷戀與不捨。等待，等待，大家寧願就這樣一直等待下去。老師，別走！老師，別走！

我們陪侍著老師下樓，不能想，不敢想，怎樣走完這最後一程！一步，一步，很慢很慢地走，可是，再怎樣的慢，也是走一步少一步了。看著緩緩前行的車子，看著車子上躺著的老師，就想伸手拉住，再叫一聲「老師」。我感覺一定能聽到老師爽朗的笑聲，能看到老師招手呼喚的樣子。人們相擁在車旁，默默地相伴而行，只希望車子越走越慢，越走越慢。送行的人群中有了輕輕的啜泣聲，情之所至，任平日裡怎樣通達的人，在那一刻，都難以抑制悲從心頭起。

但，在這個特殊的時刻，我們必須要讓老師平靜地走，安適地走。於是，靜息，長唸本師釋迦牟尼佛。兩側默然而立的人眾，車前車後的親友，隨聲而起佛號，唱誦聲綿綿密密，久久地回蕩在夜空中。

南無本師釋迦牟尼佛……

安置好老師的法體，眾人肅然而立。深藍色的夜空萬里無雲，一輪明月高高懸掛在頭頂。

紀念儀式正式開始。首先宣讀的是溫家寶總理的唁電，其文曰：「驚悉懷瑾先生仙逝，深表哀悼！先生一生為弘揚中華文化不遺餘力，令人景仰！切盼先生學術事業在中華大地繼續傳承！謹向先生親屬表示慰問。」這幾句話，不僅是對老師一生成就的評價，更是對老師精神的肯定與讚揚。「先生一生為弘揚中華文化不遺餘力」更是昭顯了老師不僅是這個時代儒釋道各家文化的集大成者，更是挑起並肩負振興中華文化重任的實踐者。

中央文明辦的王主任發言，表達了對老師至深的懷念與感恩，句句深情，催人淚下，情到深處，哽咽難言。人群中響起一片哭聲，眾人再也難禁悲痛的心情。之後，南一鵬先生含淚講述了對父親的深深思念，同時不忘代表親友至誠地向大眾表達了謝意。太湖實驗小學的郭姮晏校長，回憶起了老師關懷教育的許多往事，傳達了老師對下一代人的諄諄教誨。

夜風中，靜靜地聆聽，腦海裡像放電影一樣一幕一幕地出現老師慈悲的身影。在這一刻，我們知道：老師需要的不僅僅是我們所表達的敬愛之情，更需要的是我們接過他雙肩上的重任，義無反顧地繼續走下去。這樣的夜晚，我相信，每一個人都真切地感受到了老師那滿含期待的叮嚀與囑託。

老師不平凡的一生，偉大的一生，永遠地銘刻在世人的心中。

送師　自在圓滿

紀念儀式後的荼毗法會，在大和尚宗性法師的主持下，梵唄齊鳴，佛音清越，眾人隨法師至誠唱誦般若心經。

法體入化爐，大和尚送行。一聲吼，蓮生紅焰中，鳳凰涅槃。

所有人跪伏於地，長歌當哭，長跪相送。泣聲連連，呼告殷殷：老師，再來！惟願老師再來！只請老師再來！

天上一輪月，照映一片赤子心。

送行，這是最不願送的送行。一眾親隨站成一排，手手相遞，將木柴傳至化爐前，那是能為老師親手做的最後一件事了，卻是最不忍心做的一件事。在法師們的洪大如潮的吟誦中，青煙排空而上，直沖雲霄。

朗月當空，銀輝遍灑。

拄杖橫挑風月去　由來出入一身輕

老師慈悲而來，為解眾生煩惱而鞠躬盡瘁；老師灑然而去，示現佛家真義而自在解脫。

碧空如洗，月華如練。

儀式結束，沒有人願意離去。

在那樣的一個長夜，只想默默相伴，無言相守。在那樣的一個長夜，仰望碧空朗月，是與老師的心意相合。人們寂寂地坐著，圍在爐邊，三三兩兩的，不言不語，只想再陪一陪老師。

在微涼的草地上，盤腿靜坐，思憶恩師。數不清的諄諄教誨，數不清的溫言笑語，數不清的訶責厲語，數不清的機鋒啟迪，在長夜漫漫中，點點滴滴湧上心頭……

淚，已被夜風吹乾；心，在寂靜中沉澱。

那一夜，永恆地凝鑄在記憶中——壬辰年中秋之夜。

南懷瑾老師的幾件小事

方放
上海公務員

南懷瑾老師在其著作《禪海蠡測》中這樣描寫禪門宗師：「必也氣吞寰宇，胸羅百代，胡來胡現，漢來漢現，望之儼然，即之也溫，如寒潭秋月，無物可方者，庶幾近之。」我以為，這段話正可以用來形容懷師本人，不過也只是「庶幾近之」，因為對於懷師這樣一位大宗師，語言文字實難盡述，最終還是「無物可方」。這裡，我只是忠實地記錄幾件自己經歷的，與懷師有關的小事，或許可以映現懷師的幾幀側影。

為初學者示範打坐

二〇〇九年九月十三日，我到太湖大學堂參加懷師主持的七日禪修班。由於沒能接到提前上課的臨時通知，我來到禪堂時，課已經開始了。當我誠惶誠恐、輕手輕腳地進入座位，卻見懷師穿著一身黑色緊身衣，坐在高高的講臺上，正在示範如何打坐。這一幕，真是出我意料。九十二歲高齡的大師，竟然脫下長衫，爬上講臺，親自為初學者示範最基本的打坐姿勢，同時並講解各種坐姿有何不同，七支坐法有哪些要點，其中又有什麼細節和注意事項，懷師一一交代，一一演示。老人家畢竟已經年過九十了，這些完全可由學生們代勞，而他卻堅持親力親為。懷師對待晚生後輩、對待文化接續，就是這樣一絲不苟、盡心盡力。

次年，我在大學堂的「經史合參班」上，觀看了當日懷師示範打坐的視頻。視頻中，懷師依然那麼和藹幽默，而我的眼眶卻又一次濕潤了。

為普通訪客披衣

二〇〇九年十二月十二日，我們夫妻二人到大學堂看望懷師，同去的還有我的姑姑。我們和懷師共進晚餐，飯後聽懷師講《指月錄》，課後喝茶聊天。將近十點，大家起身告辭。沒想到的是，懷師竟然從椅背上拿起姑姑的外衣，親手幫她披上。姑姑是個普通人，那是她唯一一次有緣拜見懷師，但就是對待這樣匆匆一面的普通訪客，年高德劭的懷師竟是如此的親切入微。

禪宗古德有云：「實際理地，不著一塵。萬行門中，不捨一法。」什麼是「不捨一法」？就是「勿以善小而不為」，就是為人處世不放棄任何一點善行，而懷師不正是這樣身體力行的嗎？有人說，懷師平常時時處處都在接引人、教化人。我感到，懷師又以這樣一個動作，對我們作了一次深刻的開示。

用大白話寫書

二〇一〇年十月二十三日晚飯後，懷師繼續校訂《孟子與公孫丑》書稿。同學讀稿子，懷師一邊聽一邊提出修改。原稿中用了一個成語：「輸家紓難」，懷師要把這個詞換掉，他說：這些書都是要留給後世人看的，幾十年後的人們文字水準也許會更差些，所以不要用這種生僻的辭，要儘量用白話。然後，懷師用一句大白話替換了那個成語。

社會上有人因懷師著述文字的淺白而質疑懷師的學問，殊不知，那正是懷師不顧世俗眼光、只為天下後學的悲智之處啊！

用盡生命也願意

二〇一一年十月二十九日晚，大家正準備上「唯識學」的課，懷師卻說：你們學唯識也有五六個月了吧，學得很辛苦，可是對自己的身心卻沒起什麼作用。大家看看是否還要繼續下去？我年紀也大了，也在考慮以後晚上還要不要在飯堂坐這麼久，這是在浪費我的時間和精力啊！我還是自己回去準備走路了吧。

一位同學報告說：這段時間的學習對自己很有幫助，但是佔用了老師的時間，感到非常不安。懷師打斷她說：不是佔用，是浪費。我是不怕佔用的，只要你們能有收穫、能成就，我願意奉陪啊，就是用盡自己的生命也願意啊！

此言一出，舉座默然，內心無不深受震撼。我注意到，在淡淡的燈影下，那位報告的同學已經淚流滿面了。

這時，另一位同學報告說：學習唯識很有收穫，應該繼續學，或許可以換個方式。懷師隨即指出：還是改從第六意識著手，那樣可能更有效果。

這就是懷師，窮其一生都是「將此深心奉塵剎」，不惜用盡自己的生命，只為了他人能有收穫、能有成就。

追憶往事，恍如昨夢。如今，懷師已經離開了我們，而他的一言一行、一字一句卻依然如滄波浩蕩的太湖，不斷滌蕩淘洗著我的心靈。在以後的歲月裡，我們要做的，就是努力自己站起來，不辜負懷師的教化。

最後，謹以我在懷師治喪期間作的一首輓詩，為本文作結：

雲霽湖明入夢深　滄波浩蕩洗纖塵
眾生憂患盈雙淚　百代衰微繫一身
忍痛失依人自立　離形乘化道彌真
熔金霞色長天隱　萬里涵光供月輪

無上因緣不思議

詹文魁

佛教藝術工作者

緣起

二〇〇三年，為完成峨嵋山金頂改造工程，建造十方普賢聖像，在蔡辰男先生的推薦下，於上海番禺路住處，初次與老師見面，向老師請教。

記得到達時已是晚飯時間，經謝錦揚先生介紹後，老師親切慈祥地招呼我在他旁邊坐下，親自幫我布菜。飯後，我說明來意，老師聽了很高興，並囑咐我千萬記得兩件事：

一、熟讀由老古早期出版的書《一個學佛者的基本信念》，此書之中說明了普賢十大願行的精神。

二、在峨嵋山時，懇請兩位大護法幫忙成就，克服障礙完成聖業。

聽完教誨，心想這第一項努力閱讀即可，第二項則令我丈二金剛摸不著頭緒，急忙請教老師那是何方神聖？要上哪兒找？老師耐心地指導我，到峨嵋山時向著虛空祈求：我是南老師的學生，特請某大護法成就此一使命。說也奇怪，完成峨嵋山大佛的過程確實一波三折，看盡人心之詭詐，但同時也見證了諸多佛菩薩慈悲不可思議的甚深功德力量，護法神的擁護，關關難過關關過。終於在二〇〇六年六月十八日舉行開光安座大典，盛況空前。我隨即前往上海拜見老師，呈上歷經四載辛苦完成的作品資料，懇請老師再次指正。「峨嵋山終於對歷史做一件好事」。

悲智長者

一、大與小

老師的覺察似星辰高掛空中，澄明清澈。

某日請問老師，文魁一心發願想造大佛可否如願？師曰：「什麼是大？什麼是小？清楚了再說！」數日之後，老師要文魁上臺報告造佛像心得。「舉心動念，無不在造相，無不在覺性之中，心有多大，佛有多大，故造佛即造心，大佛即大心，大佛就在自己的心中。」老師閉目靜聽，未發一語。

二、專一

老師的解惑似明燈導引真切，直指人心。

一日，文魁請問老師：如何善用其心？師云：「專一」，再問：如何成其大願？師云：「專一」，文欲問，師云：「止！不要再問！先把專一做好！」「專一」是學佛者的基本定功，看似容易，實則難入。直至老師臨終前，文魁於書房守候打坐時，幸蒙老人家加被，終嘗法味。定靜之中，身心輕安，物我兩忘，一念不生，覺性朗朗。這是何等的恩澤啊！老師為文魁開啟了方便之門。

三、行禪中的佛

老師的悲願光照大千，無遠弗屆。

印度佛教滅掉八百餘年來，文魁何其榮幸，受邀參與印度佛教復興運動的佛造像工程。

佛法源自印度，然衰於印度興於中土。一位來自英國具有爵士身分的世友居士，寧可放棄貴族的生活，為著實踐復興佛教的理想來到印度，在貧民窟一待三十餘年，夢想有一日完成安貝卡博士（佛教復興運動創始人）的遺願，在復興地的弘法中心建造一尊「行禪中的佛」。他來到臺灣邀請我共襄此一歷史盛事。世友居士述說印度佛教發展的概況，目前約三四千萬人信仰，但多屬於種姓制度下最底層的首陀羅族（賤民）。聽完他的不凡人生經歷後，我深深被他那份無緣大慈、同體大悲的精神所感召，當下發心一念，不計任何代價酬勞，感恩佛陀偉大教法，讓我學有所用、發揮己長。發願建造大佛，與眾生結此善緣，以利修行善道；今日自當秉持捨我其誰之心，再造大佛；將佛法重新帶回印度，點亮因種姓制度下受盡苦難之印度賤民的心燈。

在一次偶然向老師報告的機會中，首愚法師提及文魁建造峨嵋山大佛分毫不取，全數發心奉獻；今建造印度大佛亦如是，目前因籌募困難工程延宕。老師聽了立刻說道：「缺多少錢？我們來解決。」我忙答道：不好意思！我不是來募款的。老師堅意要問，我只好勉為其難地說：缺三百萬。老師道：「我們來想辦法，讓這份工作得以進行。」遂環視在座同學，最後指名李慈雄同學幫忙成就，李同學爽然答應，並說明日立刻處理。我當下見到老師的威德與慈雄兄的恭敬發心。老師又問：「文魁！你說的三百萬是美金還是人民幣？」此時現場一片默然，當我回說是「台幣三百萬」時，全場哄堂大笑。

來年，世友居士遠自印度來拜見老師，向老師報告大佛的落成及弘法的狀況和推展的情形，老師說道：「你所做的一切，不是我們所能做到的。」

翌日清晨即吩咐宏達兄轉達對印度佛教復興運動的關切及推展之建議：訓練中印編譯的語文人才，將佛法重新翻譯成印度文，以利大眾研讀禮拜，深入經藏，啟迪心靈，讓佛法的種子在印度故土繼續開花茁壯。

四、魁星

老師的教法如微風不著痕跡，令學子歡喜自在。

有一回，晚上飯後閒談，說起魁星造像之學，即是人的面相學。幾天後，古道師父與慈雄兄不約而同打電話給我，早日返回太湖大學堂，有任務交文魁，言下似乎是洞山祖庭佛像的重建工作。回大學堂，老師一如往昔，要文魁報告近來造佛像的心得，其間問道：「釋迦佛的笑、阿難尊者的笑、迦葉尊者的笑，三者之間的區別如何？」答曰：釋迦佛清淨自在圓滿的笑，阿難法喜充滿的笑，迦葉尊者會心一笑。老師說道：迦葉尊者一生苦行，眉頭深鎖，當下悟道會心「破」顏微笑，亦即「展」顏微笑；此三種不同會意的笑，希望在日後的洞山祖庭佛像中，盡力將其詮釋表達出來。半月後，再次前往大學堂拜見老師，報告洞山祖庭造像的設計方案和圖片資料。以相示法，其精神核心，「明心見性，體空無禪」以「取其意，拙其形，虛其相，空其性」，作為禪宗佛像的表現概念，來闡揚甚深不可言說的空靈至聖境界。

結語

和老師因建造十方普賢聖像結緣，時雖不長，但每回見著老人家，都為其治學之高深廣博所懾服，更在日常的實踐中，見識到知行合一的典範。對於文魁在實現理想，為佛教藝術未來的發展給以大力支持；對於濟弱之事，給予世友居士實踐的信心和執行的方向；對於處理事情的積極態度，展現十足的魄力與智慧。每回接觸，皆令我萌生更高的嚮往及敬佩。在老師身上見到一代國學大師高尚之風骨，聽到老師對學生殷切之教誨，感到老師對晚生至深之關愛和期許。回憶過往，點滴心頭，無一日或忘，當發心承諾致力實踐，為佛教藝術全心奉獻，以報師恩。

雲深不知處
——南懷瑾先生辭世週年紀念

建議售價・300元

編　　者・劉雨虹
出版發行・南懷瑾文化事業有限公司
網址：www.nanhuaijinculture.com
代理經銷・白象文化事業有限公司
台中市402南區美村路二段392號
經銷、購書專線：04-22652939　傳真：04-22651171
印　　刷・基盛印刷工場
版　　次・中華民國一〇三年（西元2014）六月初版一刷
中華民國一〇五年（西元2016）五月初版二刷

設計編印
白象文化
www.ElephantWhite.com.tw
press.store@msa.hinet.net
總監：張輝潭　專案主編：林榮威

國家圖書館出版品預行編目資料

雲深不知處：南懷瑾先生辭世週年紀念／劉雨虹編. --初版.--臺北市：南懷瑾文化，2014.06
面：　公分.
ISBN 978-986-90588-0-3（平裝）
1.南懷瑾　2.傳記　3.文集
783.3886　　103006513

雲深不知處